給食・食育で子どもが変わる

新村洋史 編著

新日本出版社

目次

第3章　給食指導と栄養職員、教員、家庭　53

はじめに

「学校給食って何か」「学校になぜ給食があるんだろうか」とあらためて問われると、多くの人は、戸惑うのではないでしょうか。親も子どもも、毎日当たり前のように給食を食べてきた（食べている）からでしょう。そうであっても、人々は食べることに無関心ではありません。しかし、その関心度も格差化しているなかで、公共的な給食の意味が増しています。

しかし、この二〇年の間に、孤食・個食・固食・小食・粉食・濃食・庫食など、「こしょく」傾向が広がり、国民・子どもの食の問題状況とされるようになりました。それは大きくいえば、「飽食」と「食の貧困化」とが混然一体化した社会問題といえそうです。一九六〇年代に始まり一九八〇年代以降にピークに達した「食の社会化」（食の工業的生産、外食産業など）のなかであらためて、子ども・青年が「食物選択能力」を身につけることや、社会全体（家庭）や学校での「食育」（食教育）が、今日、国政上の課題ともなっています。

このような文脈のなかで、二〇〇五年に「食育基本法」が制定され、「食育は、知育、徳育及び体育の基礎となるべきもの」であるとしました。食育・食教育こそ人間の学びの基礎というのは至言です。

二〇〇八年「改正学校給食法」は、いわば学校における食育基本法であり、その「食教育」の目標は、①「協同の精神」を養う、②「自然の恩恵と環境保全」に寄与する給食であること、③「食料生産」を理解する、④「伝統食など食文化」への理解、を主眼にしました。

これは、「給食」を食教育の「生きた教材」とし、「食」を総合的に学び、正しい理解と食行動を身につけること、それによって、子どもの「人格形成」をはかり、「民主的な国家・社会の形成者（主権者）」（教育基本法第一条「教育の目的」）に育てるという宣言です。

食育基本法の制定実施によって、食育活動は華やかになりましたが、食教育によって、子どもたちがどのように変わったかは、必ずしも定かではありません。そこで、私たち東京民研（東京の民主教育をすすめる教育研究会議）・学校給食部会は、「給食・食教育で子どもがかわるとき」をテーマに研究を重ね本書を刊行することにしました。本書によって同時に、給食調理の民間委託やセンター化が食教育を空洞化させるものであることも明確になります。この点も合わせて読み取っていただきたいと念願します。

（新村洋史）

第1章　給食・食教育と子どもの人格形成

第1節　食育・食教育とは人間の土台を育むもの

新村洋史

世界の食教育思想を今日に受け継ぐ

食教育は人類誕生とともにあったと思われます。今から五〇〇〇年前の地中海世界にも、また紀元前五〇〇年頃、ギリシャのポリス国家のどこにでも「共同の食事」がおこなわれていたと、プラトンの『国家』（岩波文庫、上・下）やアリストテレスの『政治学』（岩波文庫）が書いています。同じ食事を同じ時間・場所に一堂に会して食べる「共同の食事」は、社会共同体の命と心を守り発展させるために不可欠な生活様式・文化であったのです。

近世の西欧でも、ルソー（スイス人。一七一二〜一七七八年。フランスで活躍）は、『エミール』（一七六二年、岩波文庫、上・中・下）という本で食教育を重視し、子どもが「自己保存」の能力を形成することで民主的市民社会の主権者を育てたいと考えていました。

ルソーに共感してペスタロッチ（スイス人。一七四六〜一八二七年）も、「パンがどこから来るかも知らないことこそ現代教育の欠陥の中心点だ」（全集、玉川大学出版、「スイス週報」）と述べ、「生活が教育する」という教育論を展開しました。

同時代を生きた教育家フレーベル（ドイツ人。一七八二年～一八五二年）は、世界で最初に幼稚園を創った人です。幼稚園とは「子どもたちの菜園」（キンダー・ガルテン、Kinder Garten）という意味で、野菜を育てることで「命」の尊さを直観し、食育が人間的な知性・理性の発達や共同して生きる心情・価値観までも育てると見通したのです（全集、玉川大学出版、「母の歌と愛撫の歌」）。

これらの人々が食教育でめざしたことは、「事物」（野菜、小麦、パンなど）・「事実」（パンづくり、調理など）に直接に触れ、実感や五感、体験や行動を学びの基本におくという「直観教授」「実物教育」という考え方でした。ギリシャ語・ラテン語などの学校的「学力」よりも前に、「生きること」を知ることが大事であるという思想でした。その出発点が、自分の「命」（身体、感性、知性、理性）を維持発展させる食の教育であったわけです。

これらの思想は誰にも了解可能です。本書に書かれた実践は、右記の人類史的な食教育思想を引き継ぎ、今日において発展させたものであると位置づけることができます。その今日における教育的価値をますます深め広めたいと願わずにはおれません。

給食・食教育の働きかけと子どもの発達

わが国では、二〇〇五年の食育基本法をきっかけとして給食や食教育の活動は大きく広がりました。学校や福祉施設（保育園、一時保護所）の給食は、もともと家庭の食事や持参弁当などとは本質的に異なることを確認しておかねばなりません。

例えば、①学校給食には、家庭に現れる「孤食」「個食」「固食」はなく、「共食」（共同の食事）です。これだけでも、失われつつある人間本来の食事・生活を回復させるものです。

また、②給食活動には、給食当番、食缶運び、配膳、給食便り朗読、食事、後片付け、日誌記録、また学校によっては食材づくり（皮むき）や献立づくりなど多様な活動があり、子ども全員が体験するものです。それらの体験は、今日失われつつある「五感・感性」「社会性・共同性」や「生活技能」などを身につけるという教育的価値を実現させる教科・教科外にまたがる「教育（食育）」そのものです。

そして、③この教育活動を教育制度の「基礎」とし、全教職員による「食教育の教育計画・教育課程」のもとで実施されるという特質をもっています。それらは、人類社会と教育の歴史的発展であると同時に、歪んだ食生活を正すことで、失われた人間らしい生活、社会性・共同性を取り戻すという今日的な意義をめざすものです。

食育・食教育の教育法における出発点

「食育」は、「家庭・企業・社会教育、そして生涯教育」など教育全般における食の教育をいいます。他方、「食教育」は、幼稚園・学校などの「教育機関」で、意図的・計画的な教育課程に沿って行う食の教育に限定する場合に用いられます。食育・食教育は、食育基本法（二〇〇五年）によって制度的に確立されました。これに至る経過は次のようでした。

一九四五年の敗戦後についてみると、一九五四年、「学校給食法」が国民の大運動があって制定されました。その「提案理由」は、「教育の一環としての学校給食は、児童が食の体験を通して望ましい食生活を学び、現在および将来の生活を幸福にするものである。教育的に実施される学校給食の意義はまことに重要である」と述べています（強調点は新村。以下同じ）。

学校給食法の第一条（学校給食の目的）でも、「児童の心身の健全な発達に資し、かつ、国民の食生活の改善に寄与する」として、食を通して〝人間の発達〟を促進する教育が学校給食であるとしました。その二年後、一九五六年に中学校でも給食が実施されました。

この時、文部省学校給食課長の通知『学校給食について』が出されました。それは、給食を「生きた教材」として食教育を行うという考え方を明言した最初のものです。その要点は、学校栄養職員は日々の給食に即して、栄養や健康について生徒たちに話し、調理員はどのように作り方を工夫したかを話してほしいというものでした。食事はもちろんのこと、給食職員の仕事や調理法もまた「生きた教材」であるとされた点が重要です。

食教育の発展

二〇〇五年、食育基本法の制定によって、学校給食は「食育（食教育）」という教育を担うものであることが文言上も明確にされ、「食育は、知育・徳育・体育の基礎となるべきものと位置付ける」としました。この考えのもと、「改正学校給食法」（二〇〇八年）は、（A）「学校給食」そのものと、（B）「学校給食を活用した食に関する指導」（授業など）との二つを一体にし、「食育」（食教育）としました（同法第一条、法の目的）。

さらに、その（A）、（B）の両面をとおして、「協同の精神を養う」「自然の恩恵、生命・自然の尊重、環境保全への寄与」「食に関わる人々と勤労を重んずる態度」「伝統的な食文化の理解」を新たに学校給食（食教育）の目標としました（同法第二条、学校給食の目標）。

さらに、文部科学省『食に関する指導の手引』（二〇〇七年）は、学校給食（食教育）は、栄養職員・調理員だけの仕事ではなく、学級担任や全教科の「教員の職務」であると明確にしたことも特筆すべきです。教員の負担がふえるという戸惑いもありますが、子どもの生活に根ざした関心や認識を高めることができるという点が大変重要です。

クジラ肉の給食の日、金子みすゞの「鯨法会《ほうえ》」という国語教材の授業で、日本の昔の「捕鯨の絵」、「鯨塚の話や写真」を見せて内容を深めていた青年教師の授業を参観したことがありました。それは、大人である私にも興味深く印象に残るよい授業でした。

食教育活動の全体像について

先の『食に関する指導の手引』は、次のように「食に関する指導の目標」を掲げました。①「食の重要性、喜び、楽しさを理解する」、②「食と心身の健康の理解」、③「食品の選択能力を身につける」、④「食物の生産者への感謝」、⑤「食事のマナーや食事をとおした人間関係形成能力を身につける」、⑥「各地域の産物、食文化・食の歴史の理解と尊重」。これらを実現するためにも、食教育活動には次の条件や実践が不可欠です。

（A）「直営自校給食」で、生産者のわかる「安全・安心のよい給食を食べる体験・行動が保障される」こと。「味わう」に値し、正しい味覚を育てる給食づくりができること。

（B）「正しい食とは何か」を伝えることができる「一校一名の栄養教職員」や「正規の調理員」が配置・確保されること。

（C）子ども・生徒の食への主体的な関心を引き出せるような「栄養教職員・調理員・教員・生産者などとの日々の交流、共同の食事、お話や授業」ができること。

（D）子ども・生徒が、食の全体認識ができ、食の価値観（食事観）や食行動を軸に自己の主体的な生き方（自己形成）を築いていける活動を保障すること。例えば、子ども・生徒集団による自主的な研究・討論、野菜づくり、献立づくりや調理体験。栄養職員・調理員・教員との共同など、全教職員による食教育実践を定着させること。

これらは抽象的な理念ではなく、六〇余年にわたる給食・食教育運動の到達点です。本書にも、これらの諸点が凝縮されています。それを読み取っていただけたら幸いです。

第2節　子どもの「居場所」となる給食づくりを

壽原とみ子

未来の学校にも給食はある

私は学生時代に給食実習をし、将来、子どもの給食をつくりたいと思いました。栄養職員になり中学校に配属。文化祭を見て、生徒たちから大きな宿題をもらいました。展示「未来の学校」にも給食があり、校舎の中央には「食堂」がつくられていました。給食は未来にもしっかりと存在し、学校の中心にあって生徒が楽しみに待ち望んでいる、学校生活になくてはならないものと訴えているようでした。「子どもにとっての給食」の意味を考えなくてはと実感したのです。

非行に荒れる生徒にとっての食事

一九八〇年代、中学校に非行の嵐が吹き荒れ、学校は生活指導に追われました。栄養職員も、給食が無事に教室に届いて食べられるよう、毎日祈るような気持ちでした。職員会議で子どもの状況把握に努め、給食に現れた事故・いたずら・非行を記録し、対処するのが精一杯でした。

区内の栄養職員の交流で、二つの大事な点がわかりました。一つは、「事件」が起こる前に、何らかの兆候が給食に現れること、二つ目は、授業をエスケープする生徒でも、給食時間には戻ってくることです。これを機に、栄養職員が共同して、「非行が問題になっている生徒」と「一般の生徒」との食事内容・食べ方（場所、誰と食べるか）を調査しました（第三一次全国教育研究集会レポート「非行が問題になっている生徒はどんな食生活をしているか」）。どちらの生徒も三食のうち、充実した食事が給食であること、生徒にとっては、友だちや先生と一緒に食べることができる給食こそ「自分の居場所」であり、「自分を支えてくれる場」であると切実に感じさせられました。

給食の教材化と食教育

先輩の一人、角田八重子氏（栄養士）から学んだことは、「給食の哲学」でした。

「命こそ、人間にとって大切なもの。その命を養うことは、自分にふさわしい食べ物を選ぶ力を備えること。その力をつける給食が教材としてふさわしく、給食を食べる体験を通して、食生活を学ぶ」ということです。

給食を「食教育の教材」にする原点は、献立づくりです。揚げるだけの冷凍コロッケと、ジャガイモをふかして形作り揚げるコロッケとでは、子どもの食べ方を見れば一目瞭然です。手作りのコロッケこそ真の味わいや作り方を教えることができる「教材」にふさわしい献立です。食材・食品の産地、工場見学、産直や生産者の調査も、子どもや親たちに伝えることができる「教材としての献立」に仕立てる不可欠の条件です。

子どもを集団的・社会的にとらえ子どもに信頼される教職員集団に

学校は地域社会や家庭を映す鏡です。食や給食もまた同じです。核家族世帯が多い校区では煮物や和食を嫌う傾向があり、家庭の食事と給食での子どもの食べ具合とは相関しています。また、教職員集団が子どもの生活実態をつかむことで、給食指導の適・不適も明らかになります。私は、給食を軸に教員や養護教諭とも密に連携して子ども認識を深め、調理員との深い交流で、新しい献立を開発することができました。

こうした交流や給食・食教育を可能にするのが、「直営自校給食」なのです。

教職員集団が共同し、社会的に生徒をとらえることが前進すると、生徒たちも心を開いて、給食を食べるようになるのです。こうして、生徒たちの心をつなぐ給食の意義を、教職員全体が感じ取れるものとなりました。

また、家庭や市民生活でも加工食品や食の情報があふれる社会状況のなかでこそ、「食を選択する能力」を養い、主体的に生きる力を育てていくことが不可欠な今日です。

学校給食は「食の教科書」

東京民研議長であった故・大槻健さんは、機関誌『子どもと生きる』（一九八四年）で次のように述べていました。

「学校の栄養士さんたちのいろんな実践から、学校給食の可能性を感じました。給食実践の到達点は、栄養士自身に、自らの果たすべき役割に確信を抱かせ、何より学校給食から腰の引けがちな多くの教師に『食べること』の教育的価値の検討をせまるものです。食べ物そのものが高度に社会化されている下では、何らかの形で食教育が実施される必要があります。学校給食が担いうる今日的課題として、消費の対象にされている子どもたちに対して、主体的な消費者教育の役割も果たしていくはずです」。大槻さんは、市民や子どもの立場にたった消費者教育を、給食・食教育の課題として先駆的に示しました。そして、「学校給食は、材料を選ぶことから、作る過程、子どもたちが食べることまでを教材とした〝食の教科書〟です」と提言しています。

私たちが望んでいた学校給食がここにあります。栄養職員・調理員の役割や仕事もまた子どもの学びに値する存在でありたいと思います。

第2章　子どもと食の現状をふまえ
給食・食教育の意味を考える

第1節　生活能力、「見えない学力」を保障する食教育を
――学校栄養職員から見た子どもの食の現状と課題

新村洋史

子どもの人格発達（目的意識をもち人々と共同する力）と給食・食教育との関わりを考えるとき、その出発点をなすのは今の子どもの食をめぐる現状や問題点です。そこでまず、東京の学校栄養職員が議論してきたことを、まとめてみることにします。

子どもの食の現状について

一番の気がかりは、給食においても「好き嫌い」が多いことです。ある学校栄養職員が就職した三〇年前（一九八五年）と比べ、今の子どもの次のような点が気になるといいます。

①給食に「嫌いなもの」が出たとき、三〇年前の子どもは嫌いな食材（ニンジン、シイタケなど）を丁寧に取り除きつつ給食を食べようと努力していた。今の子どもは、その料理にまったく手をつけようとしない。

②「給食当番」の子が配膳する際、料理をこぼしてしまうことはよくある。その時、三〇年

前の子どもたちは、さっと皆で床にこぼれた料理を素手ですくってかたづけた。今の子どもはどの子も、ただボーっと突っ立っているだけ。

③また、食事マナーの悪さ（肘をついて食べる、片足を椅子にあげて食べる、はしを正しく使えないなど）が際立つようになった。

④手を洗うなど「衛生面」では、今の子どもは三〇年前とは比較にならないほど神経質である。「おにぎり給食」でも手をよく洗って素手で握ることを嫌い、ラップに包んでしか握れない。素手とラップとでは、味がちがうのに。

⑤給食には「おかわり」がつきものだが、昔の子どもは自分から進んでおかわりした。今の子どもは担任の指示がないと、おかわりができない。

⑥野菜の名前を「知っている」子どもの方が給食をよく食べる。また、「家で食事の手伝いをする」子は、「しない」子よりも給食や食事に対する意識（関心度・充足感・感動などの情動）がゆたかであると確認されている。

⑦総じて、「食に関わる諸体験・生活体験」がたいへん少なくなっている。「諸体験」とは、野菜を育てる、親と買い物をする、米を研ぎご飯を炊く、調理の手伝い、配膳、茶碗洗い、ゴミ捨てや、家族団欒《だんらん》や会話のある食卓である。

子どもの食の現状が物語る問題について

このような学校や家庭でみられる子どもの食の現状は、「なぜ、どのように問題なのか」にも話がおよびました。結論を先にいえば、「見えない学力」の衰退を意味するという総括的な意見で一致しました（「見えない学力」は、岸本裕史著『見える学力、見えない学力』〔一九八一年、大月書店・国民文庫〕で広がった観点です）。

①子どもの生活実態や気持ちを考慮せずに、紋切型のこまごました給食の規則を学校が押しつけることで、給食に好感をもてない子どもが生まれる。「残さず食べよ」と強要せず、子どもも自らが食へ心を向けるような指導が必要である。

②給食・食教育は、政策・行政による「道徳教育」の場ともなる。子どもにとっての食そのものの価値を伝えることが肝心である。

③学校での「学力」競争主義と「生活者」を育てようという給食・食教育の目的・目標との間には、大きな齟齬《そご》（くいちがい）があるのではないか。「学力」競争の方に引っ張られて、自分の命や食の方に関心・意識が向かないことが、食に関わる生活力・生活技能・行動力を発達させないのではないか。食育（「生活」）は、知育・徳育・体育の「基礎」であるという真理は、いまだに定着していない。

④食の社会・家庭環境が、この三〇年間に大きく変わった。それが、子どもの食事観や食行

動に大きな変化をもたらした。例えば、「手間をかけず、すぐ食べられる食事」「加工食品の氾《はん》濫《らん》」、「テレビのCM」などの影響は大きい。

⑤極端な「好き嫌い」は、偏執的・固執的な感覚となり、食事体験の狭さや固定化（「固食」）を生む。それは、味覚（味の判断・評価）の未発達や歪みである。人間は「心」（表象・想像力、知識、経験など）でも味覚を広げ、未知の世界を拓いていくもの。この意味で、食体験の貧困化は人格の未発達ともつながる。

⑥今の子どもは、こうした社会・家庭環境のもとで、自分の食べているものの正体もわからずに、文明・文化環境の大勢《たいせい》によって刷り込まれた情報やイメージによって嗜好・味覚を操作されている（テレビのCMと子どもの食嗜好との相関調査は多々ある）。この点から見ても、「食物選択能力」（自己保存）を、子ども自身が（A）自己の心身・体験と、（B）正しい知識・教養形成をとおして身につける食教育は、今日の不可欠な課題となる。

⑦最近、心配な問題は、食物アレルギーの子どもが増えていることだ。アナフィラキシー・ショックの死亡事故を防ぐには、親・医師・教職員集団、そして子ども集団などにおける認識の共有と連携が不可欠。食物アレルギーは自己責任ではなく、食環境や社会化された食の問題であることを全国民が学んでいくことが不可欠だなど、論議された。

「見えない学力」（生きる力）が「見える学力」を築く『見える学力、見えない学力』は、「見える学力」（教科の学力）を高めるには、「見えない学力」がそれを支える土台となるという構図を示しました。見えない学力は、「生きる力」そのものを指しています。「見えない学力」（生きる力）が豊かであってこそ、「見える学力」も確かなものとなるという論です。それは「知・徳・体」の基礎として「食」育論にも通じます。

「見えない学力」（生きる力）とは、たとえば、①抑圧的でない「親・家庭での自由な会話」は、子どもの思考力や創造性を高め知的能力・考える力を育てる。②「集団活動」は人間としての子どもの集団本能を満たし、生き生きした元気を生む。それはまた、自分の役割を見いださせアイデンティティや自分の居場所をつくりだすことにもつながる。③「米とぎ・ご飯炊き・茶碗洗いなど責任をもたせた家事労働」は、「見通しや計画性、忍耐力といった徳性（人間性・人格的能力）を養い、これらと相まって他者への思いやりや集団活動の要領（共同性・共働の力）を身につけさせることにもなる」などとしています。「見えない学力」というのは、以上のような「生活力」を指し、「体力」や「運動能力」も含めていわれます。

給食・食教育の場合でも、（A）「見えない学力」（食体験・食行動）が土台としてあって、（B）それを貫いて、「見える学力」としての広大な食に対する関心や知識・認識を自己のものにしていくことが、同時並行的・重層的に行われるのです。

したがって、「食の好き嫌い」や「生活技能の稚拙さ」は、この「見えない学力」（生きる力）の貧困化を暗示するものとみていいと観じます。

給食・食教育の課題について

この課題は、本書の全体をとおして追求することですが、これまでの議論では、次のことが語られてきました。①栄養職員自らが、一人ひとりの子どもの給食の食べ方を、学級担任の力も借りて見きわめる、②子どもと栄養職員とが、直接的に触れ合い、交流、対話することで子どもの生活や食事観をつかむ、③子ども同士が食について教え合い、学び合う活動をつくり、集団の関係性を密でゆたかなものにする、④子どもの食への興味・関心や想像力を高めることができる機会や教育・学習活動を創意工夫する、⑤安全・安心のおいしい給食を食べて子どもが自分の内面で感じたり考えたりしたことを交流する機会（「給食通信」や「給食日誌」など）をゆたかにする、などが、これまで以上に重要な課題であるとされました。

子どもの人間発達・人格形成に資する（役立つ）ために給食や食教育があるわけですが、子どもの内面と行動の両面において、変化し発達していく様子を見届けていく仕事を、今後いっそう大事な課題としていきたいものです。

第2節　食育で、家庭をどこまで応援できるか
——食育は人間形成の基礎づくり

渡邉麻季

1　子どもの生活と保護者の変化

一九七〇年代後半、子どもたちの「おかしさ」がいわれ始めてから約四〇年たちました。しかし、朝礼で倒れる、「疲れた」の連発、食への関心の薄さ、遅寝遅起きなど、不規則な生活から生活習慣病に罹患《りかん》する児童・生徒は、今も増加しています。また、家庭の食卓の変化も著しく、私の勤務していた小学校の調査で、「家族全員で一緒に食事をしている」が二割、「ごはんと汁物のそろう食事をしている」が五割、「お茶を急須でいれて飲む習慣がある」が四割と、昭和時代の食卓風景と大きく変化しています。はしの持ち方が入学前に身についている児童は、一〜二割にすぎません。はしなどの伝統的な食文化を子どもに伝える担い手を、保護者の九割が「家庭」としながら、「学校・地域支援も必要」が五割を占め「家庭でしつけるのが当然」

という意識の希薄化が調査結果からわかります。

生活習慣の定着が難しい今の子どもたち

人間らしい生き方、暮らし方には規則正しい生活習慣が欠かせません。一人で着替えることができない、食事中立ち歩く小学一年生を指導する教職員の負担は、年々増加しています。小学校入学前までに重要なことは、「英語ができる、字が書ける」ではなく、発達段階に応じた基本的な生活習慣の習得なのです。

文部科学省の『平成二七年度全国学力・学習状況調査結果』（小学校六年生・中学校三年生対象）からも、毎日の朝ごはん、規則正しい就寝・起床の生活習慣が整うほど正答率（成績）が高いことは明らかです。

家庭の事情、保護者の変化

一九八〇年代は、国民が「一億総中流」意識をもっていたといわれますが、現代の家庭は、「貧困」率の拡大など厳しい状況にあります。小中学生の就学援助を受けている割合は年々増加し、二〇一二年度には過去最高の一五・六パーセントと報告されています。東京都の小学生の就学援助率は二四・二パーセントに増え、約四人に一人が受けています。教育格差は広がっていますが、生活習慣やマナー（人との関わり方を含む）は、経済的ゆとりのある子どもが必ずしも勝っているとは言い難いのです。

食事に関するしつけやマナーの伝承

子どもの食習慣は、親や周囲の大人の考え方や社会の影響を受けると言われています。『崩食と放食――NHK日本人の食生活調査から』（層化無作為二段抽出の三六〇〇人を対象）では、食事に関するしつけやマナーの伝承が分析されています。基本的な食習慣や食卓のマナーは、家庭で子どもの頃にどうしつけられたかが影響し、注意された経験が多い人は自分の子どもにも注意することが多い。逆に、注意された経験の少ない人は、子どもへの注意も少ないという傾向でした。

また、お年寄りより若い人の方が子どもの頃に注意されたことが少ないという傾向がありました。二つの傾向から、今後結婚して子どもをもうける人たちが、今子どものいる人たちより子どもに注意することが少なくなると予想されます。

次に『変わる家族　変わる食卓』『家族の勝手でしょ！――写真二七四枚で見る食卓の喜劇』では、岩村暢子氏が首都圏の主婦約一一〇～一二〇人を定性調査分析しています。一部の人ですが、「子どもが食べ散らかすので後でのんびり食べたい」と孤食させていました。「とにかく食べてくれればよい」と、そばで家事をし孤食させた結果、肘をつき足を組み食べる癖がつき、二年間かけても直らない五歳児に困っているという話もあります。目を合わせての食事は、子どもに安心感を与え信頼と愛情を抱かせます。音をたててもどんな食べ方でも何も言われない食事は、寂しさをすりこませるのです。

家族全員がそろうことは難しくても、「美味しいね」と親子一緒に話しながら食べることが大切です。姿勢正しく美しい食べ方は、子どもの「一生の宝」となるのです。

子育て観・行事伝承についての意識変化

『崩食と放食』の親子関係の調査では、「友達のような親」の増加も報告されています。しつけにものわかりのよい親であることは望ましい生活習慣習得の手助けにはならず、著者は、「生活の基本に関する食のしつけに子どもの自主性の尊重などない」としています。寛容という「放任状態」では、「子どもがわからない」親が増えていくのではないでしょうか。

『普通の家族が一番怖い――崩壊するお正月、暴走するクリスマス』で岩村氏は、首都圏の主婦二二三人を対象に「クリスマス」「正月」の飾り・食事などに関する定性調査報告をしています。「御節料理」について、子どもに「こんなものだと見せる・わからせることが大切」という意見が主流で、「食べさせる・作り方を教える」という意見はなかったそうです。

また、「夫は食事の時、子どもに注意する。楽しく食べられなくなり迷惑」「学校で教えているからウチで教えなくてもよい」などの状況では、食育（はし指導など）の啓発に限界があるようにも思えました。

2　管理栄養士としての食育活動

食育は「食事のマナー指導」に決定

私が赴任した一年目は、「感謝して残さず食べよう」をほぼ達成したので、K校長に、次は「食事のマナー指導」への取り組みをと相談すると、「マナーをやったら食事が楽しくなくなり残食が増えるのでは？」と心配されました。

教室では、給食時間に、①左手ぶらりで背中を丸め顔を皿に近づけて食べる、②肘をつき足を組み食べる、③不思議なはしの持ち方をする、④音をたて給食の強化磁器食器を片づけるなどの様子が見られました。食器も日々割れ、このままではいけないと思ったことが取り組みのきっかけでした。マナーなどの悪化に保護者の関わりの薄さを感じ、これを契機に子どもを見つめる機会を増やしてほしい、それが私の願いでした。

まず、四月の食育朝会で「給食のルール」を説明し、「食育の日」の毎月一九日に「食育テレビ放送」を行いました。

マナー一年目は、実態把握後に全学級各一回授業を実施しました。魚や豆を食べることの多い和食には、はしが欠かせず、正しくはしを持てないと一人前とはいえない、器用に指先を使えると知能の発達に良いなどを動機づけ、指導しました。授業後、管理栄養士の私だけで給食時間に、はし検定をしていきます。ひと月約二〇回の給食中、二二学級を指導しますが、全校約六六〇人を相手にするのは、骨の折れる仕事でした。検定は、①持ち方が正しい、②上のはしだけを動かすことができる、③実際の給食の材料をつかめるかを見ます。全部できて、初めて合格となります。

二年目は、鉛筆やはしを正しく持てない児童が多いことに悩む新一年生担任と相談し、土曜参観日に「はし指導」の授業をしました。一年生は握力が弱く、はしを握らせても落とすなど、上達の難しい状況が続きました。はしと手の拡大図は全学級に掲示しました。

「下のはしを動かさずに上のはしだけを動かす」で、最後まで苦労した六年生男子がいました。「まだ受かってないの？　頑張れよ！」とみんなの声援を受け頑張り、下のはしが動かなくなり「よし、合格！」と声をかけた時、彼も学級のみんなも担任もうれしかったと思います。

子どもの食習慣は、親や担任など周囲の大人の考えに影響を受けるので、全教職員の共通した意識が必要です。「また来た」感を示す、「来てくださったよ。頑張ろう」と子どもを応援する担任など様々でした、時間がある限り教室をまわり、「今日、はし検定?」と言われ「ごめんね。今日は別のクラスなの。来月かな」というとがっかりした様子だったので、「練習頑張ってね」と児童を励ます日々でした。検定に合格した児童は、うれしそうにはしを私に見せ「ほらできているでしょ」「自信がついた」「正しいはしの持ち方になってうれしい」の声も聞かれました。全員合格した学級の児童は誇らしげで、教員からも「うちの児童は、あなたが指導しているから、鉛筆とはしが上手ね」とほめられ、私もうれしく思いました。

「食育だより」で数回、「お子様のはしの様子を見てあげてください」と伝えましたが、合格者数は伸びませんでした。一・二年生の児童に直接聞くと「親に見てもらっていない」と半分以上が言う学級もありました。

はし検定は一度合格したら終わりですが、不合格の場合、合格するまで何回も検定を受けます。一度で合格した児童は全校で約二割、残り約五〇〇人の子どもたちは、合格するまで何度も私の指導と検定を受けることになります。私は何千回と検定をすることになり、さすがに子どもの手を見ても「かわいい」では済まなくなってきました。

六年生に一年生へのはし指導を依頼して

検定を嫌がった一人以外は六年生全員が合格していました。学校での卒業前「奉仕活動」で、一年生七七人を六年生約二〇人が指導することとなり、指導者募集時に担任が尽力してくれ感謝しています。一年生の教室前の生活科室で給食準備中約二〇分間に六年生が一年生三～四人を担当しました。

三日間同じ六年生が同じ児童を指導するようにしました。「やだな～（合格していない）妹も来てるよ」「教えるのって大変」と弱音を吐く者もいましたが、他の六年生が手伝い臨機応変に取り組みました。

三日間で二二人合格し、正しく持てるようになった一年生も約四〇人に増えました。教えてもらう側の六年生が教える側の苦労を知る、一年生も六年生に教えてもらう、「伝統を引き継ぐ」良い機会だったと思います。

家庭でのはし指導の啓発

一年生は、六年生の一回五分・三回の指導で上達しました。家庭で保護者に見てもらえたら、多くの子どもたちが上達すると思います。この経験が子どもの心に残り、自分が親になった時に受け継いでくれるのではないか。私はそうなることを切望しているのです。

学校の廊下で保護者から、「うちの子、最近『はし検定』に合格して、とても喜んでいました。ありがとうございました」と言われたことがありました。この声は、地味な指導の繰り返しの中で、私の力の源となりました。

三月の六年生の卒業を祝う会の際、「卒業記念品は迷わず、はしにしました」というPTA会長の話は、保護者の方たちが美しくはしを使うことの大切さに共感してくださった証《あかし》として本当にうれしかったです。その一方で、「食育でどこまで家庭を応援できるのか」の思いがわき上がりました。

3 「楽しい、美味しい」が食の基本

「楽しい」を感じるのは、気の置けない人と気持ちよく食べること。「美味しい」は、味、見た目、温度、鮮度、食材を育てた人や調理してくれた人の愛情など、全部をまとめて感じるものと考えています。食べることは命をつなぎ、毎日行われていく行為です。

学校で身体によい美味しい給食を用意しても、大量に残され「二度と出したくない」と思うことがあります。「食べたことがない。食べ方がわからない。皮をむくのが面倒」などの理由で、手つかずのびわが約一〇〇個残されたこともありました（七〇〇人規模の小学校）。初めての給食は敬遠しがちで、二度目は不思議と食べることも多く、今の子どもたちは食体験が少ないと感じます。

「切干大根の煮付」、「ひじきの煮付」のような食べさせたい、食べ慣れていってほしい和食料理が、よく残されます。「学校でバランスの良い給食を食べているから大丈夫」は危険な考えです。給食は年間約一九〇回であり、一年間三六五日を三食とすると約六分の一にすぎません。家庭の食事が子どもの心身を作っているといっても過言ではないのです。

4 学校でできる食育を通しての家庭支援

東京都教育委員会の『そうだ、やっぱり早起き・早寝！』のとおり、幼児期に規則正しい生活習慣を定着させることは重要です。生活習慣が整うと子どもは小学校で大切なことを最大限に吸収できるのです。朝からあくびをして午前中半分寝ている状態では十分な学習はできません。規則正しい生活ができている子どもの学力が高いことは明らかで、脳科学的にも証明されています（川島隆太著『元気な脳が君たちの未来をひらく』）。

成長期の子どもの身体は特に食事内容が大切です。食の意義は栄養素を補給するだけではなく、味わうことで「楽しさ、美味しさ」、気持ちよく共に食べることで「人とつながり」、「生きる気力や幸福感」など大きな役割があるのです。食は人間形成に直結するものです。マナーは楽しさを奪うことにはならず、社会に出て困るのは本人です。指導後は、食器の扱い方も丁

表1　はしを正しく使うことのできる児童の割合の変化（はし検定合格児童の割合の変化）

指導前（平成２５年度）			指導後（平成２６年度末）	
新１年生（平成２６年度）	11.4%	→	現１年生	57.6%
旧１年生	15.0%	→	現２年生	62.0%
旧２年生	11.6%	→	現３年生	92.4%
旧３年生	26.9%	→	現４年生	93.6%
旧４年生	31.9%	→	現５年生	95.0%
旧５年生	40.4%	→	現６年生	98.9%
旧６年生	51.3%	→	ほぼ、全員が合格して卒業	

注）はしを正しく使う＝はしを正しく持ち動かす
全児童のうちのはし検定合格児童の割合は、２割から８割へと増加

寧になり破損率も四割減、はしを正しく使うことのできる児童の割合は二割から八割へ、学校全体で気持ちよく食べる児童の姿が増えました（表1）。

親は責任をもって一人前に育てる必要があります。私はできる限り応援させていただきたいと思いますが、学校は八時間が約二一〇日で、一年間の二割にすぎません。子どもの日常の大部分は家庭などです。

二〇〇八年改訂の「保育所保育指針」では「養育」に「教育」が加わり、地域の家庭支援強化も記されています。食育は園ごとの計画で実施となり、マナーなどの内容は薄いようです。

小学校就学前のしつけの低下、前述の『崩食と放食』で親が子に伝えたい思いが強いほど次世代に引き継がれることから、幼児期からの取り組みが欠かせません。保育所と小学校は連携して家庭への支援方法を検討し、親から子へ引き継ぐ大切さの啓発が重要です（食事の自

表２　食事の自立・しつけなどの目安（渡邉麻季案）

時期	食事内容	自立・しつけ等	ポイント
新生児・乳児（離乳期前）	母乳・ミルク	・乳房・哺乳びんで大人が介助	
乳児（離乳期５カ月頃）	離乳食開始	・スプーンで大人が介助	
乳児（離乳期６～８カ月頃）	離乳中期	・スプーン・コップを大人が介助 ・食べ物を手に持って食べる	手づかみでも一人で食べたがる自発性の芽をつまないように、散らかってもこぼしても可（自分で食べた満足感重視） ＊世話がかかっても我慢 ＊食べ物に興味をもち自分で食べようと手づかみは自立心の芽生えで寛容に（食事の前後や汚れた時は顔や手をふき、きれいになった快さを感じさせる。テーブルにビニールシート対策で汚れを覚悟） ＊しつけようとして叱りすぎると食事が楽しくなくなるので注意が必要（食べる楽しみ重視）
乳児（離乳期９～１１カ月頃）	離乳中期	・食卓を決める ・食事時間は３０分位で切り上げる	
１歳前後	離乳完了期 大人にやや近い食事	食習慣を身につけさせ始める ・食べる前の手洗い ・スプーン（自力だが不完全） ・茶碗を持つ（不完全） ・一口で食べられる量を口に入れ、しっかり噛んで食べる ・口を閉じて食べる ・食器をたたかない ・哺乳瓶からコップのみへ	
２歳半前後	大人に近い食事	・両手にスプーン、茶碗を同時に持つ ・食事のあいさつ ・少量でもいろいろな種類を食べる	スプーンや茶碗を使ってこぼさずに食べられるように少しずつ声掛け 反抗期で食べないときは諦めも必要。ある程度食べて遊び始めるのはお腹が満ちてきた場合も多く、しつけのために食事を下げることも（食べる楽しみは大切）
３歳前後	大人に近い食事	・良い姿勢で食べる（肘をつかない、器に手を添える　など） ・はし（自力だが不完全）	はしは教えても正しく持てないが、慣れを重視で見守る（食べる楽しみは大切）
３歳半前後	大人に近い食事	・はし（自力だが不完全）	だいたいこぼさずに食べられる（食べる楽しみは大切）
４歳前後	大人とほぼ同じ食事	・はしを正しく持てるようになり始める	一人でこぼさず食事ができ始める（食べる楽しみは大切）
～小学校入学前	大人とほぼ同じ食事	・食事のあいさつ・食器を正しく並べる・はしを正しく持ち動かせる・正しい姿勢・立ち歩かない・多種の食品を食べられる・集中して２０分位で食べる・残さず食べる　など	はしを正しく持ち動かせない場合、食事が苦痛にならないように、食事時間外でじっくり教える（食べる楽しみは大切）

（留意事項）自立……介助がなく、一人で食事ができるようになること
食事のしつけ……介助がなく、一人で食事ができること、大人の食事の仕方ができること

＊子どもは教えられるだけでなく見て覚えることも多く、大人が良い手本を身近なところで常に見せることが大切である。
＊自分でやりたい気持ちを大切に、後ろから親が手を添えて助けてあげるとコツがわかってくる。面倒がらずに親は叱らずに我慢。ひとりで食べようとする努力をほめる。
＊個人差が大きいので、親もイライラしない。目安は小学校入学前までとし、半年遅れ気味でも可とする。
＊子どもには、叱った方がよい子と、叱るとかえって良い効果の期待できない子がいるので配慮が必要である。

立・しつけなどの目安〔渡邉麻季案〕表2)。

学校は雑巾の絞り方、食器の並べ方などの指導をしてきました。それは「学校でやってくれるから家庭でやらなくてよい」という意味ではないのです。子育ての主役は保護者です。少なくとも中学卒業までは子どもと深く関わり見守っていただきたい。「今日の出来事を話しながら楽しく食事をとる」、そんな簡単なところからでよいのです。

食を大切にすることは、自分を大切にし、他人を大切にすること、人生を大切にすることにつながっていくのです。生き生きと社会で活躍できる力の土台に必ずなることでしょう。

第3節　食で自分の心身を育める中学生に
――学校保健委員会で取り組んだ「食」育

嶋村学美

1　中学生の食の現状

保健室に来る生徒と体調不良から見える生活習慣

筆者は、養護教諭として勤務して二五年目になります。保健室にはいろいろな生徒が来ますが、健康面から気になる生徒が増えています。朝から体調不良だといい、ベッド休養させると深い眠りについて起きない生徒が多いのです。また、教室に行けないので、この時間は保健室で過ごしたいなど、気になる生徒も多くなっています。

体調不良で来室する生徒に必ず聞く内容があります。①睡眠時間、②排便の有無、③朝食の有無です。睡眠不足からくる体調不良とわかれば、「早く寝ないとね」と言いますし、便秘からくる腹痛と聞けば、「繊維質を多く含む食材」や「便が出やすくなる体操のやり方」を教えることもあります。
朝食を抜いてきた生徒には「朝ごはんは一日のエネルギーにつながるから、三食の中では一番食べた方がいいよ」「バナナ一本でもいいから、何かお腹に入れてくるといいよ」と決まりきったことを毎回言い続けています。

午前中の活力につながる朝食

朝食のことで、健康だなと感じる例を挙げてみます。いつも朝食を摂る生徒が、たまに時間がなくて欠食だった時に、「今日は、時間がなくて食べられなかった、あーお腹すいたよー」。朝食を抜いてしまった空腹感で、元気がでないのです。このような子は、健康だなと感じます。しかし、朝食欠食が習慣の生徒の場合、「食べるとかえって不調になる」という生徒がほとんどで、「この状態は健康なのか?」と考えこんでしまいます。

食べない理由は、およそ三つで、①「食欲がなかったから」、②「いつも食べていないから」、③「時間がなかったから」。これらの理由を聞くことで、本人の体の状態と合わせながらその子の朝の健康観察と、朝食の習慣について知ることができます。

私は、二年前くらいから、来室者に朝食の「内容」を聞くことにしています。というのも、朝ごはん摂取率は、学校全体で九〇パーセント位はあるものの、内容は乏しいということが気になりだしたからです。来室者の記録から、詳しく示してみます。朝食は七〇~八〇パーセントは食べています。食事内容は、単品パンのみ(食パンや菓子パン)が一番多いです。ご飯を食べる人は、卵、みそ汁、おかずなども食べています。また、コーンフレーク(毎日)やスパゲティ(冷凍)、ソーメン、カップ麺という生徒もいました。野菜は食べていない生徒がほとんどです。

給食の様子

私の勤務先の学校は、「残菜が多い」と学校栄養士が嘆いていました。栄養士に、どんな思いで生徒たちに給食を作っているのか、伝えたいことを聞いてみました。一つ目は、初めから手をつけずまるまる残す生徒が多いので、中学生が必要な量、栄養を網羅した一人分の摂取量と栄養を摂るようにしてほしいということ。二つ目は、「嫌いな野菜でも一口は食べてほしい」。三つ目は、牛乳の残量が多いので「成長期にあるこの時期に飲むことが、骨の成長には欠かせないので飲んでほしい」ということでした。

その他にも、おいしい給食を「おいしい」という生徒が少ないのです。平気で「給食はまずい」と言う生徒もたくさんいます。小さい頃から好きなものだけ食べ、いろいろな食材や調理法で食べていないことから、給食を受け付けないのではないかと思います。

以上のようなことから、残菜を減らすには、「バランスよく栄養を摂ることは大切」という話をしていきながら、少しでも食への意識を高めることが大事だと感じます。

2 生徒保健委員会とともに取り組んだ「食」

勤務先の学校では、生徒保健委員会の生徒が、調べたり、実験したり、調理したりしながら、全校生徒、保護者、教職員に向けて発表する活動に取り組んでいます。

・二〇一一年「噛む大切さ」～よく噛んで食べることは体にとてもイイのです
・二〇一二年「背が伸び太さんが語るほねのホンネ」
・二〇一三年「ベジタブルでワンダフル　快便　快調（腸）ゼッコーチョー」

〈二〇一一年の取り組み〉

取り組んだ内容は、（A）家で食べた食事を記録し、食べた回数を数える、（B）調べ学習（①昔と今の食事内容の違いと顔の骨格の違いを調べる、②噛むことが体に与える影響）、（C）「スルメ」を噛む…噛むことによってうまみ成分が出ることを知ろう、（D）調理実習…噛み応えのある食材を使う。

進めるにあたっては学校栄養士に協力をしてもらい、取り組みの筋道を一緒に考えたり、専門的な話を生徒にしてもらったり、調理実習の運営もうまくいって大変よかったです。まとめと発表については、生徒の目線でまとめられ、グラフや絵を工夫し、内容をわかりやすくみんなに伝えられたのではないかと思います。

発表を見た生徒の感想では、「今まで全く噛むことの大切さについて考えたことがなかったです。普段、自分は飲み込めればいいと思いながら食べ物を噛んでいました。でも、今回聞いて噛めば良いことがたくさんあることを知りました。これからはよく噛むことを心がけたいです」と、噛むことの大切さを理解したようで、これからは、噛むことを意識化して食べようと思ってくれた生徒の感想が多かったです。

この取り組みを通して、生徒の食生活は、単品が多く、噛む回数が少ないことがわかりました。調理実習を終えて感じたことは、約三時間かけて作ったので、調理することの大変さを実感したようでした。また、取り入れた食材の小松菜もよく噛むことで、味わうことができ、意識化すれば噛む回数も増やせることがわかったようでした。そして、よく噛むことが体にどんなによいか具体的に示したこと、また、食材の切り方を工夫するなど、目的意識をはっきりさせて調理実習ができたことが、生徒にとって新鮮な体験となりました。

〈二〇一一年の取り組み〉

まず、生徒が一番興味関心の強い「背を伸ばすにはどうしたらいいか」をテーマとしました。骨の働きや、成長期に不可欠な栄養素、生活の仕方などを知り、日常の生活に活かしていくというねらいをもって取り組みました。（A）各自の調べ学習（①骨の伸び方、②骨の素材、③骨のはたらき、④骨密度・骨折の治り方・骨粗鬆症《そしょう》）、（B）調理実習…カルシウムを多く含んだ食材を使う、（C）骨密度測定、（D）骨ができるまでのDVD視聴。

進めるにあたっては学校栄養士に協力をお願いしました。

発表を見た生徒の感想では、「骨を丈夫にし、骨を伸ばすためにはカルシウムをとっていればいいと思っていたけど、実際には栄養の良い食事を摂ることが大切とわかり、これから未来に向けて、自分の骨を大切に思う気持ちが高まりました。この発表で学んだことを家族などに語り、家族一団となって、自分たちの骨を守っていこうと思いました」「しっかり寝て食事もとって部活もしているが背が伸びません。だけれど骨密度を上げていって骨折しない骨を作っていきたいです。また、インスタント食品を摂る量を少しでも減らしていきたいです」というように、カルシウムのみに偏ることなく、栄養を摂り、未来に向けての骨作りをしたいと、骨密度を上げる大切さがわかったようでした。

骨密度測定をして外から見えない骨の密度の実態を知って、思わぬ結果にがっかりした生徒は、今後、骨密度を上げるため生活に活かしていきたいと思ったようでした。また、「骨粗鬆症」という病気を知ったことや、ダイエットが骨粗鬆症につながっていること、今の時期の体力作りが将来の体を作っているという大切なことを学習したと思います。そして、骨作りが食事を含めた運動や睡眠など生活習慣がものをいうことも知ることにつながる内容となったと思います。

〈二〇一三年の取り組み〉

取り組んだ内容は、(A) 本校生徒の排便、朝食摂取の実態調査とまとめ、(B) 調べ学習(①野菜を摂るのはなぜ? ②ビタミンの働き、③食物繊維の働き、④一日に必要な摂取量、⑤野菜不足で起こる病気、⑥排便は重要なこと? ⑦食べ物が口から入って排泄されるまで、⑧便について)、(C) 調理実習…野菜を多く取り入れた料理を作る。

進めるにあたっては家庭科教諭に協力をお願いしました。栄養素など専門的な面からアドバイスをしてもらうことができました。

発表を見た生徒の感想では、「食物繊維の大切さがわかりました。たっぷりとることで体のいろいろな所がとても丈夫になり、とても良いことです。野菜はあまり好きではありませんが、これからはしっかり野菜を食べていきたいです」「野菜をたくさん摂ることで、便秘が防げるということがわかりました」「食物繊維がもっととれるような食事の仕方をしたいです。給食もいろいろなことを考えて作っていたので、残さないようにしたいです」「食生活だけではなく、睡眠や運動も必要だと知り、これからしっかりと好き嫌いしないで食べていきたいです。身になる話ばかりの発表で得をしました」「食物繊維が六大栄養素の一つで、大事だということを初めて知りました。自分が摂っている野菜の量は、全然足りていなく、もっととった方がいいと思いました」など、野菜は必要な栄養素の一つなのに量が全然とれていないこと、バランスの偏りに気づき、野菜不足がもたらす病気があること、排便の大切さも伝えることができました。

私の学校の「排便の実態調査結果」では、毎日排便がある生徒は五〇パーセントでした。また、朝は排便の確率が高いように思っていましたが、夜に排便する生徒も多いです。便秘気味の生徒は三・三パーセントいました。また、よくお腹が痛くなると答えた生徒も二二・一パーセントいました。

調理実習では、子どもが好きなカレーを作りました。カレーには、ショウガ、トマト、豆、ニンニクなど、意外な野菜が多く入っていたのに驚いたようで、こんな工夫で野菜を多く摂ること、食材を細かく切ることで、野菜に抵抗を感じることなく食べられたようでした。いつもと違うカレーを味わい、「おいしかった！」という言葉が出ました。

最後の全体会では、テーマについて、管理職、学校医、教諭数名、学校栄養士、保護者代表数名、生徒代表二名で協議しました。保護者からの意見として、「子どもの好きな物ばかり作っていたのでは？　栄養バランスまで考えて作っていなかったので、野菜をしっかり食べさせたいと思いました」「野菜の必要性を家で話しても聞いてくれないけど、学校で学ぶことはよく聞いているのでいい機会になりました」との発言がありました。

食については、作り手と食べる側とに大切さを伝える必要があります。忙しい昨今だからこそ、簡単でもいいから、栄養バランスを考えたメニューを作って、体に摂り入れてもらいたいものです。

取り組んだ後の中学生の様子・変化

生徒保健委員会が発表した後の残菜量は大変少なかったと聞きました。発表をしたことが、同級生たちの頭に「納得」という形で現れたのでしょう。保健室に来室した生徒に、「発表はどうだった？」と聞いてみますと、科学的な知識を理解できたようで、その「大切さ」を理解してくれていたようでした。しかし、時間が経つにつれて伝えた内容は薄れ、頭ではわかっていても、実行には移せない実態があります。

発表した保健委員に、二年前発表した内容（二〇一三年の取り組み）を覚えているか聞いてみました。一人はすっかり忘れてしまっていました。一人は、「自分は便秘がちで、快便になる方法を知りたくてそれを発表しました。だから、その部分は今でもよく覚えています」と、言っていました。また、私と一緒に取り組んだ保健委員の生徒とは、食事の大切さを共有できていると感じています。

生徒保健委員会で取り組む理由

私がこだわっているのは、①時間をかけて取り組むこと、②生徒からの疑問を活かしてスタートすること、③発表の仕方を工夫し、わかりやすくまとめること、④練習して自信をもって発表することです。そうすることで、保健委員自身にも、同学年の生徒たちにも、頭の片隅に残る取り組み、発表になると信じています。

何よりも大切なのは、繰り返し伝え続けることだと思います。しかし、実行に移させるということは困難で、頭では食事、睡眠、排便の大切さはわかっていても、いざ家に帰るとできないのです。食事の実態を見ても、家庭の現状にも課題があります。共働きが増える中、朝食が用意されていなかったり、個々に食べる時間が違ったりすれば、サクッと短時間で簡単に食べられるもので済ませます。今や「食」はファストフード、スーパーで手軽に購入するなど、食材や調理に手間暇かけなくても食卓に並べられます。食事の中身がいかに成長期の子どもの体作り、心作りをしているのかが、残念ながら見過ごされていると感じます。

食べないよりは食べた方がいいかもしれませんが、生活のどこの部分に重きを置くかは、家庭によってまちまちですので、押しつけもできません。しかし、栄養の偏りから将来生活習慣病になってしまうかもしれないと心配に思う時もあります。保健室によく来る生徒に、毎回のように伝える「朝ごはん食べておいで」という言葉は、頭を素通りしている感じもします。

養護教諭として伝えたいこと

しかし、養護教諭として食の大切さは伝えたいし、伝えていかなければいけないものなのです。継続して働きかけていくことが大切だと思います。意識してもらうこと、大切なことだと頭の片隅にでも記憶しておいてもらうことが、将来振り返った時に行動に移す力につながるかもしれません。将来、自分で食べ物を選び、作り、食する時に生きる認識を育てたいと思います。

日ごろ感じることは、「あなたの体も心も食べたものから出来ている」。まさに、そのことをこそ伝えたいです。「豊かな時代」の中で子どもたちは、好きなものを好きな時に好きなだけ食べることで（飽食）、本来の食材の味がわからなくなり、食物に対する感謝の気持ちも薄れています。もっと、「お腹がすいた」とか、「みんなで食事をすると楽しいね、おいしいね」と言い合える人に育ってほしいと思います。

特に小学生は、家庭の協力が求められ、中学生は家庭プラス本人の意識が必要になります。

成長過程において、バランスのとれた栄養を摂ることの大切さ、自分で自分の体をこれから作っていくという気持ちをもち続けていってほしいです。

保健委員の生徒は、短い関わりの生徒もいれば、長くて三年間保健委員として頑張ってくれた生徒もいます。その中で、「保健委員として学んだ健康のことを将来の仕事に役立てたいです」と言ってくれた男子生徒がいました。また「養護教諭になりたいと思っています」と言った女子生徒も数名いました。健康を意識して関わってきた生徒に、何か心に残ったのだろうとうれしく思っています。生徒たちとの長い付き合い、関わりの中で、食の大切さも伝えられるのではないかと思っています。

第3章　給食指導と栄養職員、教員、家庭

第1節　「食べ方」は「生き方」をひらく
――日々の積み重ねで子どもは変わる

本田元樹

「先生のクラスは給食を残せないんでしょ？」

年度の初めに必ず何人かの子が私に聞きに来ます。「嫌いなものや苦手なものがあるの？」と聞き返すと、その子たちは必ず「うん」と答えます。兄弟や友達から私のことを聞いて、心配になり聞きに来るのでしょう。毎年、私はみんなで完食（給食を残さず食べること）を学級の目標にしています。保護者から「うちの子には無理をさせないでください」と連絡があることもあります。でも続けています。「食べることは生きること」「食べ方は生き方」につながると考えているからです。

1　異動して驚いた給食時間

二〇一三（平成二五）年、教員になって八年目、初めて異動した公立小学校で担任したクラスは六年生でした。校内だけでなく、校外でのトラブルも多く、「大変だよ」と何人もの先生に四月に言われたことを覚えています。

普段の様子はというと、自分の嫌なことややりたくないこと、好きなことやりたいことを、すぐ言動で表すのです。

初めての給食の時間、様子を見て驚きました。「食事時間は一五分」「盛り付ける量はばらばら」「大量の食べ残し」。

授業が終わって配膳を始めるまでに一五分、配膳が一〇分、食べ始めるまでに五分、食事の時間は一五分。原因は立ち歩きやおしゃべりです。授業が終わって食べ始めるまでの時間は、多くの子にとって休み時間と同じでした。

配膳の仕方にも驚きました。まず、体の大きな子や力のある子が好きな物をたくさん受け取ります。しかもその子たちは、他の子が自分より多く盛られると文句を言います。おかわりもその子たちだけが許されるという雰囲気。一番気になったのは、児童同士での勝手な給食のやりとりです。嫌いなものや苦手な物を友達に押し付けたりしていたことです。自分で集めたり押し付けられたりすることで、五～六人分の牛乳やパンが盛られている子もいました。それが一部の子たちだけでなく学級全体で許されている雰囲気がありました。

時間になれば「ごちそうさま」です。人気のあるメニューの食缶は空。嫌いなメニューは半分以上残っています。戻されたお皿にはご飯や食べ残しがたくさんついていて、それだけで何人分かの給食ができそうなほどでした。給食の後は掃除の時間、給食がどんなに長引いても自分たちの休み時間が減るわけではありません。

家でも学校と同じように食事をしている子は少ないでしょう。では、なぜ学校ではそうなるのか、児童の様子を見ていると二つの原因があると感じました。一つは、食べることの意味を理解していないこと、二つ目は自分が困らないということです。この二つをしっかりと考えさせることが児童にとって必要なことだと考えました。

2　給食指導をきっかけに

担任の思いと具体的な手立て

給食を残さず食べるということについて、私は、子どもたちに、ことあるごとに『三つの思い』について話しています。「一生懸命に食材を作ってくれている人の思い」「みんなに喜んでもらいたいとおいしく調理しようと頑張っている人たちの思い」「みんなのために働いて給食費を払ってくれているお家の人たちの思い」。その前で、君たちが残していい理由は何？　そういう「思い」を受け止めて、大切にできる人になりましょう——児童に「思い」を伝えた後は具体的な取り組み方の指導をします。

①食べる時間……給食を食べる時間を十分に確保するために大切なことは準備の時間です。まず、当番ができるだけ早く配膳を開始できるように具体的に役割を学級で統一しておきます。例えば当番全員で役割を確認した後、すぐに配膳台を拭く担当の子が行動するようにします。大抵の場合は、スタートさえ揃えばその後の作業はスムーズに流れていきます。

待っている児童の動きも大切です。四時間目が終わった後は休み時間でなく、給食の準備の時間です。手洗いなどを済ませたら、静かに座って待つ。学級全体でそういう雰囲気をつくっていくことが大切です。以前、中学年を担任した時には『給食券』（クラスで約束事を決め、それができた人から券を受け取り、列にならぶ）を作り、配ったこともありました。

②おかわりの仕方……おかわりは児童にとって嬉しいものであり、完食に向けてとても重要な手段です。おかわりは給食開始後一定の時間がたつとできるようにしています。たとえ、食べ終わっていなくても、時間内に、おかわりした分もすべて食べ終わることができるのなら、じゃんけんに参加したり、数の決まっていないものを自分で取ったりすることができます。時には「おかわりをしたけど食べきれませんでした」という子もいます。もちろん「次はそうならないようにしようね」と話をしますが、もう一言「食べたいなとか食べようと思って行動したことはとてもいいことだから、明日もおかわりしようね」と付け加えます。その子は自分の

食べられる量がわからず間違えてしまっただけなのです。大切なことは、児童が自分から「食べる」という行動をしたことを評価してあげることだと思います。

給食の時間も終わりに近づくと、食缶の中に給食が残っていてもそのことに気づかずに、友達とのおしゃべりに夢中になっている子が増えます。一度、自分の中で食べることへの気持ちが切れてしまうと、もう一度食べようとすることは難しいです。子どもたちが給食を残してしまう理由は、とても些細《ささい》なことが原因の場合が多いです。「おかずがあればご飯を食べるのに……」「苦手だけど好きなものと一緒だったら食べられた」「牛乳だけだとなぁ」など、食べようという気持ちがあるけど何かしらの理由がストップをかけてしまう。それをその場にいる大人が気付かなかったら諦めてしまう。それを繰り返していくうちに、みんなが給食を残すことに抵抗がなくなっていくのです。

③みんなで食べる意識……たくさん食べられる子が何度もおかわりをする。これが一番簡単な「食缶を空にする方法」です。しかし、これでは何の意味もありません。配られたから「食べる」のではなく、一人ひとりが給食の栄養や食べ物を残さないことの意味を考えて「食べる」ということが大切なのです。だからこそ、私はみんなで協力して食べられるように声掛けもします。

大人が食べさせることから始まり、正しい食べ方を身に付け、最終的には自分から食べるということに移行していきます。五、六年生ともなれば、給食指導をしっかり行えば、一年後には、担任が声をかけなくても子どもたちどうしで協力しながら完食ができるようになっていきます。

ほかにも、マナーや保護者の協力など細かな点はありますが、①〜③の「食べることへの考え方」を指導しています。

S君への給食指導

クラスの中でも気になる児童が一人いました。四月当初から、よく話しかけに来る笑顔が印象的な子でした。引継ぎの資料を見るとアスペルガーの傾向があり、五年生の時には友達との関係がうまくいかなかったり、暴力をふるってしまったりすることがありました。我慢ができずに、不満をすぐに口にする。「面倒くさい」「やりたくない」「チェッ」。指導した時の態度も悪く、ふてくされたような言動が多く、年度当初からその都度、話をしました。もちろんアスペルガーが原因の部分もあるのでしょうが、私は単純に「我慢ができなかったり」「我慢をした経験が少なかったり」「我慢をさせられていることはあっても、自分から我慢をしていない」「我慢をしたことでの成功体験がない」ということが原因であると感じました。

この子は給食の偏食も顕著でした。苦手な野菜と魚が入っているときには、目にした瞬間から、「まずそう」「食えない」「無理」とすぐに口にします。学校生活のいろいろな場面で、そういった態度をとることに抵抗感がなくなっている子どもたち、その中でも特にそういった言動が目につくS君を変えることが、クラスの雰囲気を変えることにつながると思い、彼をよく観察しながら次のことを重点的に指導していくことにしました。

①嫌なことから逃げださずに、ちょっとの我慢ができるように……大切にしてほしい三つの思い、深く考えずに簡単に不満を口にすることは失礼だということ、これまでできていなかった「ちょっとの我慢ができる強い人になろう」ということを何度も話しました。

②スモールステップで進んでいく……もともと継続的に努力をすることが苦手だったので、小さな達成感をたくさん味わえるようにしました。そうすることで、気持ちを切らさず取り組みを続けることができました。

③計画を立てる……年に何回も出ないものは、一年後に食べられるように、半分や三分の一に量を調節し、毎日出る牛乳であれば週や月ごとに計画を立てて飲むようにしました。「前回より食べる量を少なくしない」というルールもつくりました。

④一人じゃないという雰囲気づくり……同じものを食べられない友達、応援してくれる班の友達、周りの応援がその子にとっての力になります。学校生活の中では協力しなければ乗り越えられないことが多くあります。困っている時に互いに助け合うことの大切さを伝え、頑張っ

た姿を認め合える学級の雰囲気づくりを大切にしました。

まずは、児童が頑張りたいと思えるような環境をつくってあげることが大切です。体育でもただ跳び箱を置いても跳べない子は跳ぼうとすらしないでしょう。低くしてあげたり、練習の仕方を教えてあげたり、友達とグループにして教え合ったりして、「やりたい」「やらなきゃ」「よし、やろう」と思える雰囲気をつくってあげることが重要だと思います。

S君の変化

S君の苦手な食べ物は「キャベツ」と「魚全般」でした。彼は比較的苦手意識の低いキャベツをまず食べられるようにすることを選びました。それに一生懸命に取り組む間、魚については、五分の一程度（一口程度）でよいことにしました。もちろん私から助言をしますが、これも自分で決めさせることが大切です。

いきなり食べられるわけがありません。私は、その子のことをしっかりと観察します。いちいち声をかけたり、口を出したりもしません。こういった児童は甘えが原因の場合が多く、構えば構うほど甘えてくるので、本当に必要な時を見きわめて、必要以上にはかかわらないようにします。その代わりに、その子が頑張った時には少し大げさに褒めて、自信をもつことにつなげます。

そうした取り組みを続けていくうちに、少しずつ様子が変わっていきました。次第に自分から目標を立てるようになってきたのです。何日も前から献立表を見て心の準備をしているのです。そうなってからはもう時間はかかりませんでした。約二か月で、その子はこれまで一度も一人分を食べきったことがなかったキャベツの入ったサラダを完食しました。

お家の方からもうれしい話をきくことがありました。食べた日は家でも報告しているようです。スーパーで「僕、食べられるようになったからキャベツ買って」と言ったそうです。今では「キャベツ食べたよ」という報告をわざわざすることはありません。もう次の目標に自分で向かっているからです。「今は魚です」と笑顔で答えるようになりました。小学校生活も残り二か月の時点で三分の一を食べられるようになりました。彼の目標は卒業までに半分でした。でも、苦手な食べ物の克服の仕方を知っているその子にとっては、時間の問題でした。

ただこういう時にも安心は禁物です。「こうすればいい」というやり方を身につけても、すぐに自分に対して甘くなってしまうこともあるからです。だからこそ、しっかりと観察を続けることが大切なのだと考えます。

給食で頑張る姿が見られるようになってから、他の場面でも変化が見られるようになってきました。それまでは自己中心的な言動が多かったのですが、同じように給食を頑張っている子に対して、「俺も食べられたから頑張れよ」とか、「明日の給食、一緒に頑張ろうぜ」と自分から声をかけるようになったのです。お家の方からも、運動会本番にでることのできない友達を心配していて、これまでにそういった姿を見たことがなかったから家族みんなで驚いているという連絡までいただきました。

もう卒業してしまったその子ですが、今でも顔を見せてくれます。毎回、必ずこう聞きます。「今は、何を頑張っているの?」そうすると、毎回笑顔でいろいろな報告をしてくれます。

子どもたちにとって学校は、家庭とは違う環境です。一番身近に感じる社会です。そこで身につけたことは、次の社会、その次の社会へと、少しずつ広がっていく、子どもたちの世界を自分の力で歩んでいくための力になります。

勉強のできる子、運動が得意な子、面白い子、字が上手な子、いろいろな子がいます。でも今、人より優れているからといって、大人になっても同じではありません。逆に今できなくても大人になったらできるようになるかもしれません。そうなるには「努力を続ける」ことが大切です。一つのことを初めからずっと続けられる人はとても格好よく見えますが、ほとんどの人はそうではないと思います。子どもたちには何回立ち止まっても、そのたびに走り始められる強さをもってほしいと願っています。

普段から、子どもたちに繰り返し言っていることがあります。「楽しいからやるのではなく、やってみたり挑戦してみたりした先にある楽しさを味わおう」「ちょっとの我慢ができる強い人になろう」。これが身につけられると、「努力を続けられる人」になれると思います。そのためには大きな目標も必要ですが、もっと身近な毎日の積み重ねが重要になると思います。だからこそ給食や掃除など、子どもたちにとって日常的なことで教えてあげることが大切なのだと思います。

ただやるのではなく、「何のためにやるのか」「かかわっている人のことを考え」「苦手なことにも挑戦する」どんな「食べ方」をするのかは、どんな「生き方」をするのかと同じだと私は感じています。

第2節　子ども自らが自分をつくり、変える給食指導

一杉大介

子どもたちは毎日学校で給食を食べます。その給食の時間は、単に食事をする時間ではなく、子どもたちの心を育てる時間でもあります。学級担任という立場から、給食指導を通して子どもたちがどのような変容を見せたのかを紹介します。

1　「苦手な食べ物がある」「たくさん食べられない」子とどう向き合うか

給食指導への様々な考え方

各小学校には、「学校のきまり」があります。休み時間の過ごし方、登下校時の注意点、放課後の過ごし方など、その内容は様々です。各担任は、そのきまりにのっとり、学校としての共通理解を図りながら子どもたちの指導にあたっています。

「学校のきまり」の中には、給食時間に関するきまりもあります。配膳の仕方、食べる時の

マナー、食器の片づけ方などが、その主な内容です。「どのくらいの分量を食べればよいか」という内容は含まれていないことが多く、そのために「苦手な食べ物がある」という子どもに対してどのような指導をするかは、各担任の裁量に委ねられることが多いように思います。

担任一人一人の給食指導に対する考え方は様々です。実際に私が出会った先生だけを振り返ってみても、次のように様々な指導方針がありました。

「苦手なものや量が多いものは、半分までなら減らしてもよい」

「苦手なものでも、三分の一は食べよう」

「苦手なものでも、一口は食べよう」

「苦手なものを無理して食べる必要はない」

私たち学級担任は、「給食指導を通してどんな子どもを育てたいのか」「そのために、どんな指導をするか」「自分の給食指導の方針は、子どもたちとその保護者にとって納得できるものだろうか」などと悩み、考えながら、日々の給食指導を行っています。

私自身の給食指導のスタンス

新しいクラスを担任したときには、給食について次のような私自身の考えや思いを子どもに伝えます。

①給食の時間は、食材や料理の味を楽しみながら、成長に必要な栄養を得る時間である。
②食事にはマナーがあり、そのマナーをきちんと身につけてほしい。
③その二つを踏まえたうえで、友達との会話を楽しみ、より豊かな食事の時間をつくり出してほしい。

このようなことを子どもに伝えると、必ず次のような質問が出されます。

「先生、給食は残さず全部食べないといけませんか」

「減らすときはどれくらい減らしていいんですか」

子どもにとって一番切実な問題は、「苦手な食べ物が出たときや分量が多いときに、どうすればよいか」ということだと感じます。私は、「苦手なものでも一口は食べてみようという子になってほしい」「残したらもったいないと思える子どもになってほしい」という願いを込めて、次のように返事をします。

「給食は残さずに全部食べましょう。ただし、苦手なものや分量が多いと感じるものは減らしていいです。減らしてもいい分量を先生が決めることはありません。『これくらいは食べてみようかな』『これくらいなら食べられそうだぞ』ということを自分で判断して食べる分量を決めましょう」。

「必ずこのくらいは食べなさい」と強制しないのは、ある本との出会いがあったからです。

重松清氏の『みんなのなやみ』という本です。この本の中に、次のような悩みが掲載されています。

ぼくは、給食を食べるのがとても遅いです。給食を残してもいい分量は決まっていて、それでも食べられないので、いつも昼休みのそうじの時間まで残されて食べさせられます。給食のせいで、学校に行くのがいやです。

（小学5年　男子児童）

この男子児童の悩みに対して、重松清氏が答えている言葉の中に、次のような言葉があります。

「食べさせられます」という表現が、問題のすべてを言い表していると思うんだ。食事を「食べさせられる」のは家畜です。人間は「食べる」んです。自分の意思で、「ごちそうさま」を言う権利だってあるんだ。

ごはんを食べるのは本当は楽しい時間のはず。「食べさせられる」のは家畜。子どもは、家畜なんかじゃないはずだ。

この悩みは、食べる分量についての悩みであり、この男子児童が苦手な食べ物があるかどうかはわかりません。しかし、これを読み、「給食を食べさせられている」という思いを子どもに抱かせてはいけないと私は感じました。「苦手なものでも一口は食べてみようという子になってほしい」という私自身の願いを、「一口でいいから食べなさい」と強制する指導に反映してはいけないと感じたのです。「これは苦手な食べ物だけど、一口くらいは食べてみようかな」と思えるような、子ども自身の変容を促すことが担任の務めであると思っています。

変容の機会を捉える

「自分で食べる分量を決めてよい」と伝えても、多くの子どもは、苦手な食べ物を全部食缶に戻すことはありません。ほんの少しでも、お皿に苦手な食べ物を残すものです。そんな姿を見つけたときは、指導のチャンスです。新しいクラスを受けもって間もない頃、豆が苦手なA君（五年生）が豆入りサラダを減らしに来た時の私との会話です。

「サラダの中に何か苦手な食べ物が入ってるのかい」

「豆が苦手なんです」

「そうか豆が苦手なのか。でも豆が一つだけ自分の皿に残ってるじゃないか。なんで一つ残したのかな」

「さすがに全部食缶に戻しちゃうのは悪いと思って」

ここで私は、A君のその姿勢を肯定的に捉えてあげたいので、次のように言いました。

「作ってくれた人に悪いから苦手な豆も一つは食べようと思ったのか。A君は思いやりがあるし、がんばり屋だな」

苦手な豆をほとんどすべて食缶にもどすA君の姿を見ると、「苦手だからってそんなに減らしちゃだめだ。もう少し食べなさい」と言ってしまいがちです。しかし、「子ども自身による変容を促す」というスタンスを忘れず、肯定的に言葉かけをするよう心がけています。A君はこれ以降も豆入りサラダの時には分量を減らしに来ますが、苦手な豆を全部食缶に戻してしまうことはありません。日によっては、「今日は三粒食べてみようかな」などと言っていつもよりたくさんの豆を食べようとする姿が見られることもあります。

食缶にご飯が余ってしまったときの学級指導
全員分の配膳が終わっても、食缶に食べ物が残ってしまうこともあります。そんな時には、食缶を子どもたちに見せながら、「ご飯がこれだけ残っている。このご飯はもう捨てることになるけれど、もう少し食べられる人はいるかな」と投げかけます。食缶をもって各班をまわっていくと、子どもたちは、「先生、あと一口なら食べられます」「少し多めに入れても大丈夫です」「もう食べられません」などと伝えてきます。なかには冗談で「先生、一粒なら食べられますよ」と言う子もいます。これは、「米一粒の大切さ」「残したらもったいない」ということを伝えるチャンスです。クラスみんなに聞こえるように、「一粒なら食べられるのか。君は米一粒の大切さがわかっているな」と大げさにほめてあげた後、本当に一粒だけよそってあげます。すると「お腹はいっぱいだけど、三粒ならまだ食べられます」「僕はまだまだ食べられるから一〇〇〇粒くらい平気です」などと言い出す子も現れます。最後には空になった食缶を見せて、「このクラスは食べ物を大切にするクラスだな」と言ってあげます。

このようなことを繰り返すと、子どもたちの中にも「自分たちのクラスは食べ物を大切にするクラスなんだ」という誇りのようなものが生まれていきます。「みんなで残菜を出さないようにしよう」という風土ができてくるので、いつも食缶は空になります。

給食のみにとどまらず、このようにして生まれた「価値のある目標のために、一人ひとりができる範囲のことをする」というクラスの風土は、様々な場面で生かされることになります。

「絶対に給食を残してはいけません」「どんなに時間がかかっても、全部食べなさい」と指導するほうが、残菜をゼロにするためには簡単な方法です。しかし、子ども自身による変容を促しながら、「子どもも教師も無理をすることなく、食べ物を大切にするクラスをつくっていきたい」と思っています。そうすることは、食事の時間をより楽しい時間にすることにもつながりますし、クラスのよい風土を作ることにもつながっていくと考えています。

2　学級経営と給食指導

ある学級との出会い

数年前に新しい学校へ異動し、五年生の担任になりました。元気あふれる学年らしく、引き継ぎの時には、「まずは落ち着いて学習に取り組めるようになることがこの学年の目標だ」と言われました。実際に新学期が始まると、引き継ぎのなかで言われたように、「静かに学習に取り組む」「落ち着いて行動する」といったことが苦手な学年だという印象をもちました。

給食の時間は、授業の時間以上に子どもたちの姿が現れるもので、次のように気になる点がいくつかありました。

・食器の片付け方が乱暴である（ガチャンガチャンと乱暴に食器を片づける）
・食事をする時の姿勢が悪い
・後ろを向いて遠くの友達に大声で話しかけるなど、マナーが身についていない
・友達とのおしゃべりに気が向いていて、食べることに意識が向いていない
・バケツいっぱいの残菜があり、そのことを子ども自身が気にかけていない

給食指導にも力を入れながら、学級経営に臨む必要があると感じました。

学級経営のなかの給食指導

給食の中で見られる子どもたちの気になる行動は、学習や生活における気になる行動とも関連があります。給食中、友達とのおしゃべりに夢中で、食べることに意識が向かない子は、学習においても今やるべき課題に集中できないことが多いです。他にも、食器の扱いが乱暴な子は、教室の備品（鉛筆削り、掃除道具など）の扱いも乱暴であるし、食事中の姿勢が悪い子は、学習の時も姿勢が悪いことが多いです。給食指導と学習や生活の指導は同じであるという認識をもって、学級経営を行う必要があると考えました。

そこで、「子どもたちの食事環境を整えることで、落ち着いた気持ちで食事ができるだろう」と考え、次のような点に力を入れながら給食指導に取り組みました。

（1）机の整理……机の形がぐちゃぐちゃだったり、机の上に不要なものが置かれたりしていると、子どもたちは落ち着いて食事をすることができません。そこで、「机は班の形にきれいにそろえる」「筆箱やノートなど、食事に関係のないものはしまう」ということを繰り返し指導しました。たったこれだけのことでも、子どもを落ち着かせるということには大きな効果がありました。

これができるようになる頃には、給食以外の場面でも机が決められた位置にきれいに並ぶようになっていましたし、授業中も必要なものだけが机の上に置かれているという状態になっていました。

（２）食器の扱い……落ち着きのないクラスは、一つ一つのことをていねいに行うことが苦手です。ガチャンガチャンと乱暴に食器を片付ける子どもの中には、「早く食器を片付けて、校庭に遊びに行こう」などと、楽しいことにばかり意識が向いてしまい、今やるべきことをていねいに行えない子もいます。そのような子どもは学習においても、字をていねいに書くことが苦手だったりします。

そこで、「食器を片付ける時には、音がしないように重ねる」ということを徹底しました。食器を乱暴に片づけている子どもの中には、「自分の片付け方が乱暴である」と自覚していない子もいるので、「音がしないように」という具体的な目標を示してあげます。きちんとできない子どもには、「もう一度音がしないように片付けてごらん」と指導し、ちゃんとできている子どもには、「ていねいに片付けられたね。食器もきれいだ。よく食べたね」などと言葉をかけることも忘れないようにしました。

時間はかかりましたが、毎日繰り返し指導することで、食器の片付け方がていねいになっていきました。そして、このことができるようになる頃には、教室備品の扱いもていねいになっていたり、ノートをきれいに書けるようになったりしていました。

（3）食事中の姿勢……「後ろを向いて仲のいい友達と大きな声で話す子どもが多く、そのために騒音のような大声の中で給食を食べる」という状態が年度の初めには見られました。このような子どもたちは、授業中も静かに学習に取り組むことが苦手です。

そこで、「姿勢をよくするために、お腹と机の隙間が握り拳一つ分になるまで椅子を引く」ということを徹底しました。よい姿勢は気持ちを引き締め、その時やるべきこと（給食時間では食べること）に注意を向けてくれます。また姿勢を正すことで、後ろを向いて大きな声で話すこともなくなり、騒音のような大声の中で給食を食べるということもなくなりました。

静かな環境で給食を食べられるようになると、食べることに意識が向かい、残菜も徐々に減っていきました。大量に残菜を出していた頃はそのことを気にかけていなかった子どもたちですが、残菜をゼロにできるようになった頃には、少しでも残っている料理があると「もったいない」と言い出すようになっていました。落ち着いた環境の中できちんと食事ができるようになったことで、子どもたちの残菜に対する意識も変わっていたことに気づかされました。

このように、落ち着いた環境の中で給食が食べられるようになる頃には、授業中も黙って課題に取り組むことができるようになっていました。

以上のように、給食時間における子どもの姿と、その他の場面における子どもの姿はつながっているという考えのもと、根気強く給食指導を行いました。その結果、学習や生活の場面でも、落ち着いて行動できるクラスへと変容していきました。

担任として毎日の給食指導にあたっていると、「残さず給食を食べさせたい」「クラスの残菜をゼロにしたい」と思うことがあります。捨てて無駄にしてしまう食べ物は少ないにこしたことはないので、こう考えること自体は悪いことではないと思います。

しかし、「そのことは子どもの成長にとってどんな意味があるのか」「教師の願いと指導方針は、子どもたちに正しく伝わり、子どもたちの納得を得られているのか」ということも忘れないで給食指導を行っていきたいです。教師のそのような姿勢が、「食を通して子どもたちの成長を促す」ことになるのだと思います。

第3節　給食は学級集団づくりの土台

藤澤孝文

三八年間、子どもたちと一緒に過ごした学校現場を離れると、あんなにうるさかった子どもたちの声が妙になつかしくなってきます。「わかったよ」「できたよ」とノートやプリントをもって満面に笑みを浮かべながら話しかけてくる子どもたち。「今日の給食は、カレーかな?」「おなかすいてきたよ。今日の給食は何かな?」と給食の時間を心待ちにしている子どもたち。授業時間とともに給食の時間が子どもたちにとってとても大切な時間だったことをあらためて思いかえします。

一九五二年生まれの私は、大学生まで、四方を山に囲まれた自然豊かな信州で過ごしました。学校給食との出会いは小学生のときでした。それほど裕福ではない家庭に育ちましたので、脱脂粉乳のミルクもおいしく感じていました。病気で学校を休んだ時には、その日の給食のパンをわら半紙に包んで友だちが届けてくれるのを楽しみに待っていたものです（今では許されないことですが）。

中学生時代は、まだ学校給食はありませんでしたので、母親の手作り弁当でした。母が心をこめて作ってくれたのだからという思いで、どんな中身であっても全部食べなくてはと、まずは弁当箱のふたについたご飯から食べ始めるのがいつものことでした。帰宅して真っ先にやったことは、空っぽになった弁当箱をカバンから出して「おいしかった」と言いながら母に手渡すことでした。今思えばこの頃の体験が私の食に対する思いの原点だったかもしれません。

1　給食指導の出発と転機

新卒教師として赴任した武蔵村山市の学校給食は、小・中学校ともにセンター給食でした。その頃は、毎日の教科指導や生活指導、そして学級事務をこなすのに精一杯で、給食指導まで手が回らないというのが実際でした。「好き嫌いせずに何でも食べなさい」「作ってくれる人に感謝の気持ちをもって食べなさい」と、自分の食生活を子どもたちに押しつけていただけのような気がします。給食がまだ実施されていなかった他地区の中学校の先生から「指導が大変そうだから、給食はなくてもいいよ」と言われると、強く反論もせずに「それもそうかもしれないな」と納得してしまったものです。

学校給食に対するこんな思いを一変させてくれたのは、小平市の学校給食でした。中学校は民間会社によるセンター給食でしたが、小学校は各学校に給食室がある直営自校方式でした。

三校時も終わりに近づいてくると、いいにおいが廊下や教室の中までしてきます。パンや麺類は袋に入っていません。料理は、今できあがったかのように湯気が出ています。牛乳ビンは手に持つとひんやりとします。お盆に配膳された食事を見ると作ってくれた調理員さんの顔が浮かんでくるようで、まるで家庭で食事をしているかのような気分になったものです。

栄養士さんが教室に回ってきて、「今日の給食はね……」と子どもたちに熱く語りかけてくれました。センター給食しか経験したことのなかった私にとっては、その一言一言がとても衝撃的でした。給食の時間も教科の授業と同じように楽しみながら参加できるように工夫しなければと考えるようになったのがこの頃でした。

一九八八年に小平市教委が突然発表した「小学校給食民間委託化」に反対する市民運動は、学校教育の中で学校給食がもつ重要な役割を再認識させてくれました。※「私たちの税金を、子どもたちのために使ってほしい」と訴える保護者・市民。「おいしくて安全な給食を子どもたちに」と訴える栄養士・調理員・教師。〝学校給食は、社員食堂で食べる食事とは違う。子どもたちが、心身ともに成長していくための食事だ〟ということを確信しました。

※市民ぐるみの大きな運動の結果、市は民間委託化の案を白紙撤回しました。しかし、二〇年後、再び調理業務の民間委託化が提案され、残念ながら二〇一二年九月から少しずつ民間委

託化が進められています。

その後いくつかの学校に勤務し、自校民託方式の給食も経験しましたが、どんな形態の給食であっても〝学級づくりと結びつけた学級指導〟を心がけるようにしてきました。教師生活の最後になった四年間、再び直営自校方式の小平市に戻ってきました。そこでのささやかな実践をまとめてみました。

2　学級づくりと結びついた給食指導を

ステップ1――子どもの現実を見つめて

年度当初、児童数が八〇名を超えずに二クラスでスタートした三年生でした（年度途中で転入があり、最高時には、四二人のクラスになりました）。二年生の時は、「ケンカは毎日。授業中は、なかなか座っていられない。学力不振の子も多くて、この学年は大変だ」というのが教職員の共通認識でした。

クラス替えという環境の変化があったとはいえ、今まで身についてしまったことは、そんなに急に変わるものではありません。「授業開始のチャイムが鳴っても席につかない」「おしゃべりや手いたずらは当たり前」、楽しいはずの給食の時間も大変でした。四時間目が終わると、

「手を洗うどころか廊下で取っ組み合いや追いかけっこ」が始まります。人数が多く、配膳だけでも時間がかかります。やっと食べ始めたと思うと、「好きな物は争うように食べ、嫌いな物には手をつけず」「食べ終わってしまうとあいさつもせずに校庭に飛び出していく」「後片付けもいい加減」。長い教師生活の中でもあまり経験したことのないスタートでした。

ステップ2――子どもたちの願いを頼りに

まだ八〜九歳の子どもたちです。大きな声でどなって威嚇《いかく》すればその場は収まりますが長続きするものではありません。授業中は、命令調ではなく「チャイムがなったよ」「今、誰がお話ししているかな」というような声かけに心がけました。時間はかかりますが、じっとがまんの毎日でした。

私の堪忍袋がどんどん膨らんでも支えになったのは子どもたちの願いでした。どんなにわんぱくな子どもでも「静かに勉強したいな」「できるようになりたいな」「話もちゃんと聞きたいな」「給食も気持ちよく食べたいな」という願いがあったのです。それは、保護者はもちろん、私の願いとも共通していました。

みんなが願うことを実現させるにはどうしたらよいか相談し、給食の時間の約束を決めました。どのクラスでもやっているような当たり前のことですが、当たり前のことを普通にやることほど難しいことはありません（①残さずしっかり食べる。②量が多すぎたり、苦手な物で食べ切る自信がなかったりするものは手をつける前に減らす。③おかわりは全部食べてから。ただし、量を調整した子はその日のおかわりはできない）。

この他にも〝時間内に食べ切るにはどうしたらよいか〟〝みんなが気持ちよく食べるにはどうしたらよいか〟など、話し合いをしながら（時には、私からの一方通行の時もありましたが）約束事を少しずつ増やしていきました。約束ができるとそのたびに学級通信を通して保護者にも知らせていきました。

ステップ3――自治能力を高めながら

自分たちで決めたことを自分たちで守っていこうとする気持ちが生まれてくると、給食の時間だけではなく授業中にも良い影響を及ぼしてきました。チャイムがなったら席につけるようになり、「わかりません。できません」とはっきり言えるようになり、友だちの発言は最後まで聞くことができるようにもなってきました。

三年生でもお手本を見せてあげたりきちんと指示を出してあげたりすると、子どもたちに任せておけることはたくさんあります。全校朝会や集会での整列は、担任がいなくても先頭の子が後ろを向いて声をかけるとまっすぐに並べます。体育の時間の整列や準備体操、用具の準備なども係の指示でできます。給食の配膳や片付けの順番（班ごとに行動）も係が自分の判断で決めることができます。

一二月の学級通信の一部を紹介します。

（午後から音楽鑑賞教室が予定されていた給食時間の様子です。）

鑑賞教室の開始が一時二〇分ですから、のんびりと給食を食べてはいられません。この日の三・四校時は図工（専科）でしたからなおさらです。給食当番の子が少し早く戻ってきて（専科の先生の配慮）準備開始。その後、戻ってきた子から配膳。もちろん遅く戻ってきた子の分も同じ班の子が配膳。いつも食べるのが遅い子には、班の中で声をかけ合って協力。一時ちょっと過ぎた頃には全員食べ終わりました。食缶もからっぽでした。見事‼　ゆとりをもって体育館に移動できました。（音楽鑑賞教室をたっぷり楽しめました）

四月当初、あんなにバラバラだった子どもたちが見事に一つになった瞬間でした。

ステップ４――集団給食の力が花開く

Ｋさんは、二年生まで全く牛乳を飲めない子でした。ふたも開けずに牛乳の好きな子にあげていました。アレルギーがある子ではありませんでしたので、何とか少しでも飲めるようになってほしいと思っていました。自分でふたを開けることから始め、マイコップを持参させて少しずつその日に飲む量だけコップに注がせるようにしていきました。一滴二滴から始まり、次第に量が増えていきました。周りの子も「先生、今日はKさん、この線まで飲んだよ」と気にしつつ励ましてくれるようになりました。三年生ももうすぐ終わりという三月一八日です。そのKさんが、牛乳ビンを口にして全部飲み切ったのです。その日の学級通信です。

マイコップ持参で給食の時間に少しずつ牛乳を飲んでいたKさんが、とうとう一本飲み切りました。「にがい。」と言っていましたが、みんなに拍手をもらってにこにこ顔でした。

たくさんの仲間たちと給食の時間を楽しみながら過ごせた結果だと思います。

毎日同じ時間にできる指導

ここで紹介した三年生の子どもたちは、私を大いに悩ませてくれました（そんな子から教えてもらったこともたくさんありました）。周りを見ることができず集団生活のルールがなかなか身につかなかった子、学校の中で自分の存在価値を見いだせずつまらなそうな顔をしていた子、自分の考えをもとうとしないで指示されるのを待っていた子、食べ物の好き嫌いが激しくていつも時間内で給食を食べ切れなかった子……。

給食指導は各教科指導と違って、毎日しかも同じ時間に集団の中で行うことができます。そして「食べる」ことは、どんなに好き嫌いが多い子でも必要なことです。この条件をしっかり生かせば、学校給食は、集団の力でできるようになることを増やすことができたり、その集団の中の一員として一人一人が主人公になれる場面をたくさん設けてあげることにより子どもたちに自信を持たせたりすることができるようになると思います。

楽しくおしゃべりしながら食べ、クラスメートのことを知り、自分のことも話せるようになった子。楽しく食べるには自分たちで決めた給食のルールを守ることだということに気づき、集団生活のルールを守れるようになってきた子。自分の食べられる量を考えて給食当番に「減らして」「増やして」と要求し、徐々に自分の考えを持てるようになってきた子。こぼさずに適量を配膳することが上手なことをほめられて、自分の力に自信を持てるようになった子。周りの子に励まされながら、嫌いな物も食べられるようになってきた子。

「自分だけではなくみんなが楽しく食べるにはどうしたらよいかな?」という問題提起から始まったこの子たちの給食は、次のような栄養士さんの言葉で締めくくられました。「二年生の頃は食べ残しがたくさんあって、片付けもめちゃくちゃだった子どもたちなのに、食缶は空っぽだし、後片付けもバッチリできるようになったし、すごく変わったね。授業もしっかり受けられるようになったことでしょうね」。

食育基本法が制定されてから一〇年を迎え、各学校ではさまざまな工夫を凝らして食育が実践されています。食育基本法のまえがきには食育を、「生きる上での基本であって、知育、徳育及び体育の基礎となるべきものと位置付ける」と述べられています。私のささやかな実践からも明らかなように、学校給食は、「学級づくりの土台」であり「学校教育の土台」でもあります。

今、「経費削減」の名のもとに学校給食の民間委託化やセンター化が進められようとしています。学校教育の中で給食の果たす役割がますます大きくなってきているなかで、こうした動きを看過するわけにはいきません。営利を目的にすることなく、いつも子どもたちのことを中心に考え「おいしくて安心安全な給食を子どもたちに」と願う栄養士さんや調理員さんが子どもたちの目の前にいる直営自校方式による学校給食を提供することこそ行政の役割であると訴えたいと思います。

第4節　新しい自分に出会う食育活動

近藤志津世

私は長年小学校の教員をしており、担任としても、副担任としても給食指導に関わって久しいのですが、日ごろから、給食指導が、単に食に関する指導ではなく、さまざまな指導に通じると感じています。

達成感を味わえる子に

一年生入学当時、子どもたちの給食を食べる様子は様々で、あっという間に食べ終わり、進んでおかわりをする子がいる一方で、一向に食が進まず、どこにはしをつけたのかわからない子もよく見かけます。そんな子どもに、「残さず食べなさい」と無理やり食べさせたら、「給食がいやだから学校に行きたくない」などと言い出すことになりかねません。

しかし、だからといって自分の分として食器によそわれたものを残すということは避けたいものです。子どもたちは嫌なもの、苦手なものは避けて通ればいいと思い、また食べ物を粗末にしてしまうことにもなります。

そこでまずは食べられそうな量、ほんの少しだけよそうようにします。順番に配膳するときに「少しにしてください」などと、自分で量を調節できればベストですが、自分から言えない子には、もう一度チャンスを与えます。

「いただきます」をしたらすぐ、「多いと思う人は減らしにいらっしゃい」と呼びかけたり、担任の先生が見きわめて減らしてあげます。最初はほんの一口でいいのです。全部食べきることで達成感を得られ、「もっと食べられるようになろう」という意欲につながります。また、子どもに多いのが「食わず嫌い」です。「食べたことがないから」と食べようとしない子がよくいます。そんな子には最初一口だけよそってあげて、もっと食べられそうだったら、あとでもっと増やしていいことにします。好き嫌いなくいろいろなものを食べることは、単にいろいろな栄養を摂れるというだけでなく、いろいろな人と好き嫌いせずうまく付き合っていくことにもつながると思います。

また、たくさん食べたり、おかわりする子をうんと褒めてあげることも大切です。個人の配る量を減らしても、クラスの食缶の中に残菜が多くあったら意味がありません。クラス全体に呼び掛けて、もっと食べられそうな子に盛りつけます。食缶が空になったら、みんなで拍手をする。シールを一つ貼るなどすると、クラス全体で達成感を味わうことができます。

見通しをもてる子に

給食には決められた時間があります。おおよそ準備二〇分、食べる時間二〇分です。準備の時間に給食当番以外の子が遊んでいたり、だらだらいつまでも食べている状態はよくありません。タイマーをセットするなどして時間を意識させ、素早く協力して準備ができるようにします。早く用意ができれば、ゆっくり食べられます。みんなが早く食べ終わって時間に余裕があったら、クイズを出すなど、お楽しみ時間をつくるのもいいと思います。

諸事情で給食時間が少なくなってしまった時でも、ごちそうさまの時刻を後にずらして、可能な限り、食べる時間は確保してあげるようにします。

そんな決められた時間内に毎回のように食べ終わらない子がいます。もともと食が細いなら仕方がないのですが、食べることに興味が向かず、おしゃべりのほうが楽しくなってしまう……そんな子は、他の場面でも集中力がなかったり、自制心がないことが多いように思います。

適度なおしゃべりで楽しく食べられることも確かですが、おしゃべりはほどほどに、あと何分だから、だまって食べようなどと時計を意識して食べる習慣をつけたいものです。また、おかわりを多くし過ぎて食べきれない子も時々見かけます。そんな子は、たしなめられることによって次からの量を考えるようになると思います。このような給食時間の経験が、いろいろな場面で自分を知り、見通しをもつことにつながると思うのです。

健やかな体と豊かな心は給食から

では、食が細い子はどうすればいいのでしょう。四時間目には、「おなかがすいた〜」と、給食を心待ちにして、夢中で食べる子にしたいものです。そのために大切なのは、やはり運動量でしょう。休み時間や体育の時間にその子は十分体を動かしたでしょうか？　文章を書いたり、計算をしたりとたくさん脳を使ったでしょうか？　「知育」「食育」「体育」とすでに言い古されてはいますが、やはりその三つは切り離せません。

現在の勤務校では、低学年の時は体が小さく、食が細かった子も、高学年になると驚くほどよく食べて、当たり前のように時間内に完食できるようになります。給食をよく食べるようになっただけでなく、幼かった行動もいつのまにか高学年らしく変わっているのを見るにつけ、あらためて給食指導の大切さを感じる今日この頃です。

第5節　届け教室に、給食室の願い
――給食作りの心を共有する

星名久美子

太陽と雨と風と大地に育てられた食べ物の「生命力」こそが、人の命の素であることを、先人たちが教えてくれました。土の中には、微生物がたくさんいます。ふかふかの生きている土。この土と太陽をたくさん浴びて、自然の中でじっくりと育った食べ物はおいしい。この自然を感じ、そこに生きているすべての命を大切にしたい。これは、私が考える食の礎となるものです。

私が着任した一年目の学校は、児童数が一一〇〇人で調理主事は五人でした。一九七〇年代のことです。始業から休む間もなく調理主事は給食を作っていますが、この姿を子どもたちは見ることができません。そこで考えたのが給食室の姿が見える給食通信「すくすく」を発信することでした。学校給食は、集団給食の中でも他と違い栄養補給だけではなく「教育としての食事」を作り、人格として成長することに寄与しなくてはなりません。

子どもたちに提供する料理は「安全でおいしい」というだけではなく「食教育の教材」とな

るものでなければならないと思っています。
そこでこの給食通信には、次のような内容を盛り込みました。
①給食ができるまでの様子。「自分が食べている料理が見えることで無意識に料理を口に運ぶのではなく、〝食べてみたい〟という前向きな気持ちで料理に向きあうことで心の満足感が生まれる」。
②調理主事の工夫。「ただおいしいと感じるだけではなく、なぜおいしいかがわかると、感謝の気持ちや、味わって食事をしようとする気持ちが生まれてくる」。
③食に関するクイズや、年間の食べ物歳時記、また旬の話、料理の名前の由来や料理の誕生秘話など食品や料理に関係すること。「食材や料理など食に関心を深めさせると同時に自然との共有や、命の大切さなどに気付き食べ物などを大切にしようとする気持ちが生まれる」。
④給食時間の子どもたちのつぶやき。「学校全体の事や一つの物事を皆で共有することで共通の話題も多くなり、友だちの情報を知る機会が増えたり会話が増えたりする」。

1 「給食作り」を教室に届ける

教室への発信は紙面だけではなく、ビデオ放送も効果を発揮しました。就職当時の一二〇〇食の魚料理の残菜量は目にあまるものがありました。そこで視聴覚担当教諭に、「給食室で作っている風景を、子どもたちに見せたいのですが」と相談すると担当教諭は快く引き受けてくださり、教諭の可能な日にちに魚メニューの献立を合わせました。

いよいよ当日、録画したビデオを編集することなくそのまま給食時間に放映。子どもたちはビデオを見ながらの給食です。

給食終了後に各教室の残菜を確認して驚きです。毎回大量に残っていた一二〇〇食の魚料理が全部合わせてもほんの一握りしか残っていませんでした。「今、自分たちが食べているものが、このようにして作られている」という映像を見ることで、料理を作っている人の姿が子どもたちの心に届き、舌で味わう美味しさだけではなく脳裏に、そして心に「おいしい素敵な料理」として届いたのです。

その後、見事に残菜量が減少しました。教室に届き普通に配られていた「給食」をただ「食べるだけ」という姿勢から、調理員さんが作っている過程を知ったことで「料理を理解し、料理と向き合いながら食事をする」という姿勢に変わっていきました。また野菜嫌いな子どもにも生産者の思いを伝えるべく、放送委員会と給食委員会で近隣の生産者の畑に取材に行き、給食時間にビデオレターで放送しました。その後、子どもたちは生産者の畑に時々顔を出すようになり野菜を身近に感じるようになりました。

2　学級集団の教育力

三年生は四学級、その中の三組は、学年の中で一番残菜量の多いクラスでした。その三年生は四年生進級と同時に、学級担任だけが変わりました。するとどうでしょう。毎日、学年内で給食の残菜量が多かった三組が、毎日残菜ゼロです。そこで四年三組には、各学級の給食通信とは別便でお手紙を配布しました。「三組さんは四年生になってすごく成長したね。毎日残りがなく給食室全員驚いています」という趣旨のお手紙です。

するとその翌日、四年三組の子どもたちから返事がきました。

「今の担任の先生はお残しが駄目なのです。『せっかく調理員さんが君たちのために作ってくれた給食を残すということは、食べ物を無駄にするだけではなく、調理員さんの気持ちも全て捨てていることになる。だから大事に残さずにいただこう』というのです。それで皆頑張ってたべているから残らないのです」とありました。

そこで私は、「すごい！　クラス全員でお互い助け合っているのですね！『残さずに食べる』という一つの目標を達成するために、みんなで助け合いながら頑張っている。これができるということは、これからどんなことがあっても協力して助け合えることが出来る素晴らしいクラスになれるということですね」と返事を書きました。
その後、通信以外にも何度か手紙の交流が続き、この交流で「担任が少し強引すぎます」という反応を示していた児童にも、「先生の言葉が正しい」という気持ちの変化が見えるようになりました。また、「毎日残さずに給食を食べる」という目標を達成していく中で、クラスの連帯感が強まり、一人ひとりの気持ちの中に、充足感を見いだすようになってきたことも感じます。

学校生活の中で、学級としての力をつけさせるための一番の有効な時間が給食時間であることを、担任はよく知っていたのです。この担任の前任校は、学校に給食室の設備がなく、「他の施設で集中調理をして学校に運ばれるセンター給食」でした。この学校に異動してきて、校舎に給食の香りが届き、調理員の姿が見られ、「まるで家庭の食事のような思い」を感じたと伝えてくれました。そこで給食時間も教科と同じように取り組んだということです。

学級担任が、ただ強制的に「残菜ゼロ」だけを目的としていたとしたら、子どもたちの中には「連帯感」や「達成感・充実感」は育まれなかったでしょう。「食べ物を大切にする」「作ってくれた人の気持ちを大切にする」と願う担任の給食指導が、協力し合う学級集団をつくり上げていったのでした。そして給食室から発信する「すくすく」（給食通信）は、学級担任が「食に対する熱い思いを児童たちに理解させる」後押しの役割も果たしていたと思います。

3　苦手野菜を克服して生活面や学力も向上

一年生のIちゃんはトマトが苦手でした。

給食通信「すくすく」や給食時間の教室訪問で、苦手なトマトが食べられるように応援しました。すると一年生の二学期後半には食べられるようになりました。「Iちゃんね、苦手なトマトが頑張って食べられるようになったから、今、苦手な算数もがんばっているんだよ」と、クラスの子どもが報告してくれたことがありました。

一年生のS君はほんの一口しか食べられません。ところがIちゃん同様、様々な呼びかけで食べられる量も増え完食が続きました。すると日常の学習面でただ座っているだけだったS君が、授業中に手をあげるようになり、徐々に発言の回数が増えました。また、今までもじもじして声も小さかったのが大きな声で笑顔もでるようになりました。「給食の量が増え、給食完食」が良い影響となって表れていきました。

Iちゃんや S君のように、「苦手なものが食べられた」という自信が、授業など学習面や生活態度でも積極的な姿勢で取り組めるようになり大きく成長する子どもたちは大勢います。「食」は、人として生きるための原点であり、能力に関係なく誰もが自らの「生きる力」を獲得することができます。そして自分の成長に自信をもち、親や周りから認めてもらうことで、より成長していきます。

4　家庭と連携

家庭に配布するおたよりや給食試食会、講演会などで給食の大切さや、頑張っている子どもたちの姿を発信します。するとほとんどの保護者の方から、「学校で子どものためにこんなにていねいに食事を作り、愛情をたくさん注いでもらっている。わが子は幸せ」「親として学校に負けないようにしたい」「食べることの大切さや意味を、あらためて実感し考えさせられた」などの声が届きます。

食は、学校だけではなく家庭と両輪で子どもを育てていくことが大事です。子どもたちを見ていてわかることは、「食べることに意欲的な子は、他の面でも意欲的。落ち着いて何でもしっかりと食べることができる子は食を中心として規則正しい生活をしている子どもが多い」ということです。

5　様々な食の体験活動を実践してきて感じたこと

「食」をめぐって、体験したり、学んだりしたことは、自分の生活を振り返ることができ、次への成長につながります。

「食」を通して「生きている実感」を感じてほしいと願い、取り組んできたことは、子どもたちに感動を与え、たくさんの気づきを発見させることができました。本節では紹介しきれませんでしたが、子どもたちに「食の力」をつけることができたのは、給食通信だけではなく、食に関する授業、試食会や親子料理教室などの積み重ねによるものです。

子どもの周りにいる大人一人ひとりが、子どもたちに関わることができたからだと思います。「コミュニケーション能力の喪失」が問われている現在、昔は当たり前にあった食卓の団欒《だんらん》の場が失われつつあります。食卓を囲む場が難しくなってきた今の社会だからこそ、給食の一食一食、一場面一場面を、今まで以上に大切にしなくてはならないと感じます。

最後にある卒業生の文章を紹介します。岡崎咲弥さんは小学校一年生の時、給食のおいしさに感動して一学期の間、一日も欠かさず給食の絵を書きました。そして東京都給食コンクールで特別賞を受賞しました。

手記　給食と学校生活

岡﨑咲弥

大学に入学して二年、今ではすっかり勉強の合間に売店のおにぎりを食べる生活に慣れてしまった。だが、約一〇年前、給食は私の小学校生活において大きな位置を占めるものだった。給食、それは単に食べることにとどまらない、学校という場を形作るおいしい〝エッセンス〟だった。

小学校一年生だった私の日課は、その日食べた給食の絵を描くこと。スパゲッティの一本一本や定番の牛乳瓶まで毎回描いていた。下手な絵ながら、食べて描いた本人が見ればトマトソースの甘酸っぱい香りとともにあの日の給食が鮮明に甦ってくる。同級生と机を並べて食べたのも懐かしく、喜んだり困ったり、様々なことが思い出される。

小学校卒業後はお弁当持参の中学・高校に通ったので、私が学校給食のお世話になったのは六年間だけだった。あらためて考えるに、私があの日々から得たものは何であったろうか。そもそも給食は自宅のごはんやお弁当、コンビニや売店で買うのとどう違うのだろうか。もちろん違いは数多くあるのだが、給食の特色を二つ挙げるとすれば、一つ目は家庭では食べられないものを食べられること、二つ目は自分たちで配膳すること、になるだろう。

給食では実にたくさんのメニューを味わった。母の手料理は大好きだが、家のごはんやお弁当だけ食べていたのでは知らなかった料理も多い。日本の料理なら烏賊《いか》の松かさ焼きやきな粉揚げパン、外国風の料理ならブルスケッタやタンドリーチキン。タンドリーチキンはレシピをもらって帰って以来、母が作ってくれるようになり、中高生時代のお弁当の大好きなおかずになった。また母は漬物が苦手だったため、キムチチャーハンのキムチとカレーの福神漬けは小学校に上がって初めて食べた。今は母の好みにかかわらず好きな漬物だ。

給食は私に数多くの料理の存在を教えてくれた。私が給食の絵を描き始めたきっかけは、「今日のおひるはこんなにすごいごはんだったんだよ!」という素直な喜びであり、食べたことのない料理を両親に報告したいという気持ちだった。中学校にあがって友人たちとお弁当を食べていたときに聞いたのは、「朝ごはんと同じ」「うちは一週間献立固定」という声だった。共働きの家庭も増える昨今、料理のプロの栄養士さんが一生懸命考えてくださる日替わりの給食は、確実に子どもたちの食も、食の知識と心も豊かにしてくれるものだ。

給食の特色の二つ目は、自分で配膳することだ。ここからは責任感や公平であることの大切さを学んだ。四時間目終了のチャイムとともに給食当番は手を洗い、白衣を着て、廊下へワゴンを取りに行く。低学年の間は一人の力では教室の敷居を越えられないし、スープの入った寸胴鍋《ずんどうなべ》も二人で持ちあげなければ配膳台に乗せられなかった。無理に格好つけて一人で運ぼうとすると……幸い私のクラスでは全員分の昼食を床にぶちまけてしまうという大惨事に陥ったことはなかったが、考えるだけでも恐ろしい。

みんな責任感をもって自分の仕事に取り組んでいたことだろう。時には「○○ちゃんの分はどうして多いの?」「女子だけひいきする」と言ってもめることもあった。隣の子に注意されたり先生に叱られたりしながら、公平に分けなければならないこと、意地悪も依怙贔屓《えこひいき》もしてはいけないこと、そして仲良くおいしく食べることを学んでいった。とはいえ、公平な気持ちでよそっていても三〇人分に分けようとすれば当然上手く見計らうのは難しい。連日のご飯担当で苦戦していたある日、私は、配膳前に三列一〇行にしゃもじで切り分けておけばよいことに気づいた。初めてこのやり方で配り終えたときの誇らしさ、嬉しさは、今でも鮮明だ。

その後は同じ食事を囲んでみんなで楽しく食べた。おかわりの時の譲り合いも元気いっぱいのじゃんけんも懐かしい思い出だ。学校全般そうであるが、給食の時間は特に、社会性を身につけるためのよい勉強の場だったとあらためて思う。同じ釜の飯ならぬ同じトレーやボウルの給食を自分たちで分けることの意義は大きい。

最後になるが、私の給食の楽しみはお昼の時間の他にもう一つあった。それは調理師さんにご挨拶すること。昼休みの終わる頃か五・六時間目の間だったろうか、片付けも済み廊下へ並べられたワゴンを給食室の方が回収に来てくださる。私は「ごちそうさまでした。おいしかったです」と言うのが楽しみで、今か今かと待っていた。白衣を着たおじさんが、白いマスクの上から見える目をにっこり細めてくださるのが嬉しかった。給食室は校舎の中にあるというのに、調理師さんと児童が出会う機会の少ないのは残念なことだ。とはいえ実際に顔を合わせることはなくとも、カレーの中の星形の人参を見れば型抜きしてくださった方を思い浮かべ、クリスマスのエビフライを見れば揚げてくださった方に想いを馳せる。食べ物を介して繋がっていたともいえるだろう。これからも子どもたちが給食とともに充実した学校生活を送れることを願っている。

第6節　求食！　救食！　給食！
——娘と私の給食に思うこと

岡崎祥枝

「えっ、ユニセフからの贈り物だったんですって？」

私の目はその新聞の記事に釘付けとなりました。そう、子どもの頃給食で飲んだ、あの匂いが強烈でまずかった脱脂粉乳のことです。曰く、まだ製法が拙かったから、曰く、無蓋船での海上輸送中に品質が低下したから……。諸説ありますものの大きなバケツから柄杓《ひしゃく》で注ぎ分けられるあの脱脂粉乳のまずさは天下一品（？）であり、「アメリカでは家畜の飼料ですって」などと子どもたちは言い合いながら、戦勝国アメリカの富める暮らしを羨《うらや》みつつ、敗戦の惨めさとともに飲んだものでした。厳密にいえば、私が小学生になった頃には、もうユニセフからの寄贈は一部地域を除いて終了していたようではありますが。

パンとけんちん汁？——昭和三〇年代の給食

私の育った頃は、まだ着る物も文房具もお下がりや使い回しが当たり前で、継ぎのあたった服を着ていても全く肩身の狭い思いをしなかった時代です。父の細腕で一家六人が養われていた私どもの家庭では、「給料日前になると栄養が落ちて、末っ子の祥枝が必ず風邪をひくわ」と母が嘆いていたことを思い出します。ともかく定収入のあるサラリーマン家庭の私どもでもこのようなありさまなのでしたから、世の中には満足に食事のとれない子どもたちがたくさんいたことでしょう。

今思えば、あのような食料難の時代、どの子どもにも栄養バランスのよく整った食事が毎日一回、給食によって供されたことは誠にありがたいことでした。前述の脱脂粉乳でさえ、牛乳からバターを作った後のいわば搾り滓《かす》であっても、当時の日本の子どもたちにとっては貴重な栄養源だったのです。あらかじめ給食を通じての学習目標を設定するどころではなかったのかもしれません。とにかく「給食」は「救食」だったのですから。

主食はパンでしたが、この原料もアメリカの余剰物資だったことを後に知りました。おかずはパン向きのものばかりとはいえませんでした。けんちん汁やひじきの煮物を当然のようにパンとともに食べていたのです。季節感のある献立、取り合わせの良い献立……そんなぜいたくを言っている余地はなかったように感じています。

それでも「給食のおばさん（当時、子どもたちはそう呼んでいました）」たちの作ってくれる、できたてで温かい昼食はうれしく、毎日の大きな楽しみでした。いただき終わって給食室に食器を下げに行く時、おばさんたちに、「ごちそうさまでした。おいしかったです!」と、元気いっぱい挨拶するのを日課としていました。十分とはいえない予算と乏しい食材をやりくりしながら献立を考え、作ってくださる栄養士の先生や給食のおばさんたちに対する感謝の気持ちは自ずと養われていったということでしょう。

「温かいのを食べたいから一番最後に盛りつけて」とおっしゃる担任の先生の分が足りなくなってしまい、もう給食室にも残りがなく、その日は先生の昼食がなかったこと(次回からまず先生のを、と変更になったのはいうまでもありません)、また当時は連帯責任の教育がはやっていて、いたずらっ子の少年のいた私の班は、毎日給食の時間の大半を教室の後ろの床に正座して食べさせられていたことなど、今となっては懐かしい思い出です。過不足なく配分することの難しさ、行儀よく食べることの大切さも学んだことのうちといえましょうか。

思わず描きたくなるおいしさ——娘の給食

二〇〇二(平成一四)年三月、私どもは娘の小学校入学を機に杉並区に転居しました。入学用品を求めに立ち寄った店で、「お嬢ちゃん、どちらの小学校に入るの? そう、『桃一(杉並区立桃井第一小学校)』、いいわねぇ。あそこの給食はとてもおいしいと評判がいいのよ」と言われた私は、「へぇ、給食って学校によって違うのか」と認識を新たにし、娘ともどもおいしい給食をいただくのを楽しみに待っていました。

第一回は四月二二日のカレーライスでした。それ以来、日々供される給食のあまりのおいしさに、なんと一学期間一日も休むことなく、娘は帰宅後その日の給食の絵を描き続けたのです。ラーメンは一本一本、人参ライスは細かく刻んだ人参の粒々、カットオレンジは切り口に見えるミリ単位の小さな袋の一つ一つまで丹念に色鉛筆で塗っていました。献立を立てて下さった栄養士の先生と調理員の皆さんの愛情たっぷりの給食をいただく時間はもちろんのこと、またそれを思い出して描く時間も、娘にはきっと至福のひとときであったに違いありません。

給食の絵にまつわるエピソードを一つ。通院のため、授業を抜けた日のことです。会計を終えると学校に戻っても授業には間に合わない時間になっていました。

「もう今日はこのまま家に帰ろうか」と言う私に、「でも、まだ給食には間に合うよ。給食の絵が一日分抜けちゃう……」と娘。これは大変！　私は迷うことなくタクシーで娘を学校に送り届けてやりました。給食の絵のためにだけでも登校したいと思うほど、給食は魅力的だったのでしょう。

親にもうれしかった給食試食会

さて娘の校外学習の日、空いた教室で給食試食会が開かれました。メインメニューはブルスケッタでした。娘からおいしいと聞いていたものの今ひとつよく理解できていなかったそのフランスパンの料理は、トマトソースにちりばめられたパセリの彩りと香りもよく、小さな机の前にちんまり座りながら、かわいい柄の食器でうれしくおいしくいただいたことを思い出します。ありがたい企画でした。

親として感じる給食の効用

前半は思い出を中心に話を進めてきましたが、後半は給食の効用について思うところを述べてみましょう。

①栄養のバランスがとれた献立……お弁当となれば、傷まないように、汁のでないように、などの制約が多く、結局は何となく似たような料理になってしまいがちです。育ち盛りの子どもたちの健康を考えての至れり尽くせりの献立は本当にありがたく思いました。

②いろいろな料理との出会い……毎月娘のいただいてくる献立表を見るのが楽しみでした。前述のブルスケッタ、タンドリーチキン、ししゃもの蒲焼きなどなど、私の知らない料理、試したことのない料理がたくさんありました。人気メニューはレシピが自由に持ち帰れるように用意されているので、それをもとに作ってみたものもあります。御飯ものだけでもチキンライス・蛸飯・小魚ピラフ・中華ちまき・そぼろ御飯・ビビンバ・肉とゴボウの炊き込み御飯・あ

んかけ御飯・梅わかめ御飯・山菜おこわ・しらす御飯などなど、和洋中にわたっており、こんなにいろいろできるのかと主婦の私が大いに勉強させられました。おかずに至ってはこの比ではありません。栄養士の先生のご苦心・ご努力は心からの敬服に値します。

③日本の食文化の継承……我々日本人に受け継がれてきた食文化は本来家庭で守り継がれるべきものなのかもしれません。しかし、女性が社会に進出するようになり、調理に割ける時間の乏しくなりつつあるのも事実です（男女平等の観点からすれば父親が料理をしても一向に構わないはずですが、男性は更に時間の融通がつきそうにありません）。一方、スーパーマーケットに行けばそのままお弁当に入れておくと昼食時にちょうど食べ頃になるという至極便利な冷凍食品さえもたくさん並んでいます。私の従姉は毎朝四時半に起き子どもたちのお弁当を作っていたそうですが、ある日、「ママ、お弁当に冷凍食品をどんどん使って構わないからね。全部手作りのお弁当を持ってくるのは私ぐらいのものよ」と言われましたとか。うれしいような、さみしいような……が彼女の正直な思いだったことでしょう。

娘は小学一年生の頃、給食に用いるトウモロコシの皮むきを授業中に体験させてもらったそうです。季節感に触れさせながら、また作り手の大変さを体験させながらの食の教育をありがたく思いました。スーパーマーケットで切り身ばかりを目にして育った子どもが、魚は切り身の姿で海を泳いでいるのかと思っていた、という話には笑うに笑えないものがありますが、便利すぎて見失ってしまうものも多々あるでしょう。四季の恵み豊かなこの国に育まれ継承されてきた、旬の素材をたっぷり使い手間ひまかけてのおいしい料理は、食に関する興味を大いに引き出し、ひいては子どもたちの豊かな心を育む事へもつながっていくことでしょう。

④一同で味わうことによる幸せな思いと社会性の涵養……家庭の経済状態に関わりなくクラスの子どもたち全員が同じ昼食をいただけるのはうれしいことです。友人の豪華なお弁当を見て引け目を感じることなく、逆に自分だけの豪華なお弁当になにかしら後ろめたさを感じることなく、純粋に食と向き合える時間のなんとありがたいことでしょうか。給食によって食に対する同じ思いを共有することにもなり、また、一人だけの身勝手は通らないということを自ずと知るよい機会にもなります。

娘の小学校では卒業の少し前になると校長室に児童たちを一班ずつ招いて下さり、校長先生と共に給食をいただく企画がありました。校長先生自らのご発案でしたとのこと。お忙しいなか素晴らしい思い出を作って下さった校長先生には、大いなる感謝の気持ちを覚えます。

まだ食料難の時代に育った私と、豊かな時代に育った娘の給食を思い出しつつ、感じるところを述べてみました。かつて戦争とそれに続く敗戦によって日本人の直面せざるを得なかった食料難の時代に再び戻ることなく、この平和で豊かな暮らしがずっと続くよう願ってやみません。敗戦の時代、「求食」に応じた「給食」が、まさしく「救食」であった頃の給食がもっていた意味合いは、時代と共に次第に変化してきたようにも思いますが、次世代を担う子どもたちの心身を育む給食の大切さは今も変わりません。また、便利さと引き換えに失われつつある食文化の伝統を支えるという意味さえもつものとしても、給食の使命は極めて大きいと思います。

今、私どもの家の庭に二本の枇杷の木があります。給食のデザートの枇杷のあまりの美味しさに娘がその種子を持ち帰り、大切に育ててきたものです。まだ実ったことはないのですが、いつか実りの時節にクラス会があれば、嘗《かつ》てのクラスメートと共に食《は》ませてやりたいと思っています。給食にまつわる幸せな思い出は、一生を通じて心を温かくするものなのですから。

＊「求食」および「救食」は共に筆者の造語です。

第7節　社会人としての人格を育む給食をめざして
――生徒と心通わせ思い出に残る学校生活に

高宮三枝子

学校栄養士になって三六年、うち二〇年間は小学校の栄養士として働きました。四回目の定期異動で中学校に異動になりました。今年で一六年、中学校の栄養士として働いています。中学校の栄養職員として働くことを決意した思い出に残るエピソードがあります。中学校に着任したときの全校朝礼で、小学生とちがう体の大きな中学生を相手に緊張と不安の中で、「○○小学校から来ました栄養士です。おいしい給食を作ります。よろしくお願いします」と挨拶をした後、三年生の男子生徒が近づいてきて、「おいしい給食作ってくれるんでしょう。給食楽しみにしているよ」と声をかけられました。この一言で中学校の栄養士として働いていこうと決意しました。

あれから一六年、たくさんの生徒と関わってきました。思春期真只中《まっただなか》の中学生は、素直に「おいしかったよ」といわずに、照れくさそうに「今日の給食、まあーまあーだな」「今日の給食の味、塩分が足りなかったね」「家で食べるよりおいしかったかなぁ?」と声をかけてくれます。

中学校の学校栄養職員として心がけていることは、生徒たちに対して「成績をつけない」職員としての存在感を出すようにしています。そして生徒たちに栄養職員がどのような仕事をしているのかを話し、名前を憶えてもらうようにしてきました。また、できる限り生徒と触れあう機会をもつため、生徒の名前を憶え名前で呼ぶようにしています。一人ひとりの生徒の実態も把握できるように生徒たちの様子を教職員と話し合うようにつとめてきました。

生徒を名前で呼ぶことで、生徒の中には自分のことをみてくれる大人が教員以外にもいるという意識が生じ、心を開いてくれることにもつながります。廊下などで会うと声をかけてくれます。中学生は、義務教育を修了すると、社会人として社会に出る生徒もいます。生徒が社会人として人間関係が築け、自立できるように給食を通して育てることを私は給食・食教育の目標にしています。

生徒の様子

生徒たちは、時間割は憶えていなくても、毎日の給食の献立名は、すべて憶えています。

学校から配布されるプリント類の中で、生徒に一番読まれているプリントが「給食の献立表」です。献立表を前の席の生徒の椅子に張って「今日の給食は何か」とチェックしている生徒もいます。廊下で私に出会うと、「今日の給食、何か知っている！」と声をかけてくれます。声をかけてくる生徒は、教室では目立たない生徒や授業に集中しない生徒など様々ですが、どの子も給食の時間を楽しみにしている気持ちが伝わってきます。

また毎朝、献立をチェックして登校する子。給食の時間に登校して給食を食べて下校する子。普段の給食時間の時は、廊下でおしゃべりをしていて給食の準備に取り掛かろうとせず、担任の先生や副担任の先生に「給食の時間だよ、早く準備しなさい」「教室に入りなさい」「給食当番は、身支度をしなさい」と言われているのに、好きな献立の時は、どのクラスも給食の準備に取り掛かるのが早いです。特にクラスで一番食欲のある生徒は、自ら率先して給食の準備に取り掛かっています。好きな献立の給食時間は、学校全体も食べることに集中していて給食時間が静かになっています。

生徒たちが給食時間を楽しみにしているんだと私が思う瞬間が、「おかわり」をしている時です。担任が「おかわりしたい人」と声をかけると、食欲旺盛な生徒がわれ先にとおかわりの列に並んでいます。量がたりないときには、「おかわりじゃんけん」をします。勝った生徒の笑顔や負けた生徒のがっかりした様子、中学生の女子は、周りの目を気にして、おかわりをしたいのに我慢しています。給食の残菜が少ないクラスでは、女子も「おかわりじゃんけん大会」に参加しているのです。

食欲旺盛の男子がいるクラスでは、「今日のおかわりは、レディーファーストで女子優先だよ」と、女子がおかわりしやすいように指導してくれる担任もいます。クラスが落ち着いていると、「弱肉強食」がなく、すべての生徒が同じように食べ、デザートなど、好きな献立がみんなに行き届くなど、クラスの中の人間関係のあり方がわかるのも給食の時間があるからだとおもいます。

給食時の様子

給食時間になると給食当番は帽子・白衣を着用して給食を盛り付け、全員に食べ物が行き渡るように、また、早く「いただきます」ができるように一生懸命、当番活動を行います。給食当番以外の生徒は、班ごとに机を合わせ、テーブルクロスを敷いて給食の食卓作りをします。

クラス担任も献立をチェックして、きちんと配膳できているか確認します。クラスが荒れてくると、力のある生徒が、大盛りにしたり、嫌いな食べ物を盛りつけなくさせたりします。給食時間にクラスを回っていると、給食当番の手際がいいクラスは準備も短時間で早くできています。給食当番がおとなしい生徒だと、力の強い生徒が好きなものを大盛りにしろと要求する場面などがあります。その場面で、担任が声をかけて平等に盛りつけさせることもあります。

教室の環境整備として、毎月の教室用献立表に四季折々の切り絵を貼った献立表を、各クラ

白衣と帽子を着用して配膳する中学生

スに配布しています。献立表一つでも教室の雰囲気がよくなるようにと取り組んでいます。教室用の献立表に好きな献立に二重丸をして給食を楽しみにしている生徒もいます。

行事食の取り組み

毎月、行事食を行っています。日本の昔からの行事食や、食文化を生徒に伝えるために行っています。生徒に「お雑煮」「おせち料理」「ちらし寿司」など各家庭で当たり前に食べていると思って質問をすると、最近では、「給食で初めて食べた」という返事が帰ってきます。生徒の中には、給食で伝統食、旬の献立を食べなければ、きっと社会に出ても食べることができないと思われる生徒もいます。食の体験を広げるためにも行事食、旬の食材を使った献立作りを行っています。

四月、進級・入学を祝ってちらし寿司、五月、子どもの日を祝って中華ちまき、六月、梅雨の献立で梅ご飯、七月、夏の献立ビビンバ、九月、お月見で月見団子、一〇月、文化祭で、給食で作るお弁当、一一月、勤労感謝で吹き寄せご飯、一二月、クリスマスでローストチキン、一月、お正月でお節松風焼き、二月、節分で豆ご飯、三月、卒業を祝って赤飯、三年生のお別れバイキングと、調理師が子どもたちにおいしい給食を食べてもらうようにと、素材を活かしてほとんど手作り給食を心がけています。旬の筍《たけのこ》も皮つきのまま茹《ゆ》でて筍ご飯、山菜ごはん、栗ご飯など、年に一回の旬の素材を使った献立も出しています。

生徒が社会人になった時、給食で食べた行事食が思い出になってくれるとよいと思います。

保護者の給食試食会

生徒が小学生の頃は、親子試食会、給食時間の参観などが行われていますが、中学校では、給食時間の様子を見る機会が少なくなっています。試食会では、生徒の給食時間の様子を写真で紹介したりビデオで紹介したりしています。

また、給食室の厨房での給食を作っている様子を写真で紹介もしています。保護者に、子どもたちのために安全でおいしい給食を作っていることを理解してもらえるように行っています。当たり前に給食があるのではなく、たくさんの人が子どもたちの成長を願って給食をつくり、教育活動をしていることを伝えています。

給食委員会の取り組み

給食委員会の生徒は、給食時間の様子を「状況点検表」に記入しています。毎日の給食当番が白衣、帽子を身につけて配膳をしているか、グループごとにテーブルを合わせて、テーブルクロスを敷いているか、よく食べた献立名、好まれなかった献立名、牛乳の残り、食べた感想などを記入。週末には、当番の生徒が、白衣、テーブルクロスを持ち帰って洗濯してきたかを記入します。

給食委員が一番活躍する場面は、みんなの前で「いただきます」「ごちそうさま」の挨拶をすることです。給食の準備が整ったか、早く食べたい、おかわりもしたいと、今か今かと「いただきます」の挨拶を待っているクラスの仲間の前で号令をかけることは、緊張するようです。給食委員になった生徒は、毎日、頑張って挨拶の号令をかけています。

また、学年ごとに給食時間の様子を詳しく書いてもらっています。毎日の様子を書いていくうちに最初は、毎日「おいしかった」とか「ふつう」とかしか表現できなかった生徒が、栄養士からの「給食時間の様子を詳しく書いて、感想を書いてくれるとみんなの好みがわかり、献立を作る時の参考になる」という返事や、給食時間の毎日の様子、反省に、栄養士として返事を出すと、だんだんと詳しく気づいたことを書いてくれます。

〈離任の時に給食委員の生徒にもらった手紙〉

高宮栄養士さん、僕たちが入学した日から二年間ほんとにお世話になりました。先日始業式がありました。その時に他の学校へ移られた先生がたの中に高宮栄養士さんの名前が入っていた事に僕はとても驚きました。僕は栄養士さんと初めて話した時のことを今でもはっきり覚えています。一年生の時、僕が給食当番のある日でした。配膳をしている途中、食器が足りなくなったので僕は給食室まで食器を取りに行きました。その時話したのが最初でした。その後も、廊下で擦れ違う時に僕たちに笑顔で話しかけてくれました。二年生の後期、僕は給食委員会で委員長を任せてもらいました。生徒総会の時には原稿のチェック等、様々なアドバイスを頂きました。本番の活動内容発表の時にはものすごく緊張して失敗してしまいました。でも、栄養士さんと一緒に考えた質疑応答の時には緊張することなく落ち着いて発表することができました。これも栄養士さんのおかげだと思います。栄養士さんが毎月出している「給食だより」には、栄養のことや健康のこと、おいしい料理のレシピ等勉強になることがたくさん書いてありました。いつも生徒のことを思って考えてくださっていたその思いがこの「給食だより」にはたくさん詰まっていたのだと思います。栄養士さんの生徒に対する思いはけしてわすれることはありません。いつかまたお目にかかれる日を楽しみにしています。いままで本当にありがとうございました。

夏休みの昼ご飯作り

夏休みに「自分の昼ご飯を作ろう」ということで、生徒に昼ご飯づくりの料理講習会の募集をしたところ参加者が少なく、数名の生徒しかいませんでした。材料費の関係で、教職員の昼ご飯を作ることになりました。

子どもたちは、二〇人分の昼ごはんを作ることになりました。日ごろ教室では目立たない生徒が、混ぜご飯に入れる錦糸卵二〇枚を集中して作っている姿や、二種類のカレーライスを作って職員に盛り付けるとき、「薄味のカレーと辛めのカレー、どちらにしますか」「それとも半分半分にしますか」と嬉しそうに自分たちの作った食事を勧めている生徒の姿に、日ごろ教室で見せない生き生きとした姿がありました。大人に必要とされていることに喜びを感じているのだということが感じられる場面でした。

卒業生への取り組み

卒業する三年生には、お弁当づくりのポイント、お弁当のレシピ、一年生から三年生までの給食時間の写真と生徒が書いた給食の思い出の一言を冊子にしてプレゼントすることにしています。

卒業した生徒と偶然バスで会った時のことです。生徒から「先生に卒業した時にもらった『レシピ集』をベッドの枕元に置いて時々見ています。料理も作っていますが、給食の味にはかないません」と声をかけてくれました。とても嬉しい出会いでした。

以下に、卒業する三年生の「給食の思い出」を紹介します。

・「給食は、三中での一番の味方です。四時間目になると、いつも教室に漂う匂いで自分の中で『今日はあれだな』と勝手に思っています。美味しい給食をありがとうございました」。

・「三年間いろんなパターンの給食ができて良かった。異国の料理が出てきたこともあって給食なのにすごいと思った」。

・「元気がないときも給食を食べたら元気になった。今まで美味しい給食を作っていただきありがとうございます」。

・「中学での給食は、毎日とても美味しく残さずに食べることが出来たと思います。自分は野菜嫌いで小学校のときはいつも残してしまっていたけど、中学校では野菜を食べられるように工夫がされていて食べられたのでうれしかった」。

＊

最後に、長年、学校給食の栄養士として働いて思うことは、給食を通して子どもたちが社会の一員として育つようにと願って給食を作ってきたことです。特に、義務教育最後の中学校では、三年間と短い期間ですが、小学校と違って子どもたちが大人になる階段を登っていることを強く感じています。中学一年生は小学校の時、最高学年として頑張ってきたが、中学校に入学すると先輩がいて一番下の学年ということや、自我が出てきていて、給食なども好きなものは残さず食べるが、嫌いなものは平気で残す。小学校では好き嫌いをしないで全部食べていたのにと思うことがあります。一年生の時に給食指導をきちんとしてくれる学級担任だと三年間給食の指導の心配がありません。

二年生は中学校生活にも慣れ、中だるみになりがちな学年です。学校ではどんな人たちが自分たちを見守っているかを理解はしていても素直になれない反抗期の時期ですが、一年生の時と違った成長の様子があり、気軽に声をかけることができます。

中学三年生、受験のことでイライラし、不安の中であっても、「今日の給食おいしかったよ」と素直に声をかける生徒。進学先が決まると大人の対応ができる生徒も増えてきていて、一対一の会話ができ、つくづく大人になったなぁーと感じることができます。

中学三年生の会話の中で「高校に行ったら弁当になるからつまらない。給食が食べたいよ」と言ってくれます。日々生徒とふれあうことで、子どもたちから、「今日の給食美味しかったよ」「今日の給食のレシピ教えて」と声をかけられると、学校給食の栄養士として働いていてよかったなと感慨深く思います。

第8節　おいしさを言葉で表現し合う味覚教育
——おいしさ一〇倍、よろこび一〇〇倍

宮鍋和子

「あなたは、どんなものを食べていますか。言ってください。あなたがどんな人か当ててみましょう」。

フランスの法律家であり美食家のジャン・アンテルム・ブリア＝サヴァランの言葉です。薬膳には、「食べ物で性格をコントロールできる」「食べ物が性格をつくる」という考えもあります。「食べ方」で「性格が変わる」ということは、ものの捉え方、考え方が変わり、その後の人生も変わっていくのではないか？——私が「食」に興味をもつきっかけとなった一言です。

ここでは「語彙《ごい》」を増やすという手だてを用いて感受性を高め、「おいしさ」を何倍にも感じられるようになった子どもの様子を報告します。「おいしく食べられる」「食を楽しめる」ということは人生を何倍にも豊かにする。そんな思いで取り組んできた事例です。

1　おいしさを表現する

「今日の給食おいしかったよ」。子どもたちからそんな声をかけられるとうれしくなります。しかし、子どもたちに「どんな味がした？」と聞くと、首を傾げ困った表情を浮かべます。「どんな味？」「どんなふうにおいしいの？」との質問を理解できず、戸惑っています。

栄養教諭「味は？」

児童「ふつう」

栄養教諭「ふつうって、どんな味？」

児童「えー、ふつうだよ」

栄養教諭「人それぞれ、普通の基準が違うでしょ？　からいのが好きな人もいれば、苦手な人もいるでしょ？」

児童「うーん」

栄養教諭「食べた時の固さはどうだった？」

児童「ふつう」

栄養教諭「いつもと比べてどうだった？」

児童「わかんない」

ある日の子どもの反応です。食べ物をいただきながら「おいしい」と「まずい」の二言で終わってしまうのはあまりにもったいなく、また、いただいた命や食に携わる方々に対して失礼なのではないか――そんな思いから、もっと、しっかりと味わい、食べてほしいと願うようになりました。

「食」は「心」と密接に関連しています。「おいしさ」を表現する力をつけることを通して、子どもたちに「食」を楽しみ、食に携わるすべてのものへ気配りができるようになってほしいとの願いをこめて取り組みました。

語彙を増やす

以前勤務した学校でのこと。「豊かな感性を育む」ことをめあてに、「国語」の研究が進められました。その中に、俳句を通して感性と表現力を培おうという取り組みがあり、これは食育の観点からも研究を進められるのではと提案しました。俳句は短い言葉の中に様々な思いを表現しなくてはいけません。その時に課題になるのが子どもたちの「語彙」の少なさと経験や体験の少なさでした。「おいしい」と「まずい」の二つで片づけてしまう子どもたちの実態と通じるものがあります。

では、どうしたら語彙を増やせるのか？　家庭環境により、子どもたちの食体験には大きな違いがあります。全校で同じものを食べる給食は、互いの「味覚」を確認しあうよい教材となるのではないかと考えました。

様々な感覚を使って食べる

ランチルームに来た子どもたちには食べる前に、次のことを確認するように声掛けしました。「においはどうかな」「見た目はどうかな」「触ったときはどんなだろう」「音はするかな」「味はどうだろう」。子どもたちはクンクンと皿に鼻を近づけてどんな匂いがするのか一生懸命考えます。

児童「かつお節のにおいだ」「生ぐさいよ」「えー、おいしそうなにおいだよ」
栄養教諭「ほかに、におうものはあるかな」
児童「昆布だ」
栄養教諭「すごいね、昆布のにおいも発見できたんだ」
栄養教諭「見た目はどうかな？　温かい感じかな？　つめたい感じかな？」
児童「温かい感じ」「透き通っている」「黒いよ」
栄養教諭「固そう？　軟らかそう？」

児童「えーサラサラしている」「うん、サラサラだよ」
栄養教諭「凍っていたら固そう？」
児童「うん、凍っていたら固そう」
栄養教諭「じゃぁ今は凍ってはいないんだ」
児童「凍ってないよ」
栄養教諭「触った感じは？」
児童「あったかい」
栄養教諭「そうか、あったかいか」
栄養教諭「じゃあ音は？」
児童「音？」と首をかしげながらもこれまたお皿に耳を近づけ、「何も聞こえないよ」
栄養教諭「食べた時になにか聞こえるかな？　あとでたしかめてみようね」

給食の配膳が済み、「いただきます」までの短い時間のことです。いざ、喫食。

児童「これ知っている」「食べたことある」「○○だぁ」。いろいろな感想が飛び出してきます。

「味」については「しょっぱい（塩味）」「すっぱい（酸味）」「あまい（甘味）」「にがい（苦味）」「うまみ（旨味）」の「五味」を確認します。

児童「おいしかった」

栄養教諭「そうかぁ。おいしかった人？」「たくさんいるね」「どんな味がした？」

そんな質問に対し、最初は戸惑っていた子どもたちも徐々に、「あー、こんなふうに言えばいいのか」と固さや舌触り、温度など味覚の基本になるものについて表現ができるようになっていきました。

最近は、一人で食べる「孤食」や、同じ食卓に着きながらもそれぞれ好きなものを食べる「個食」、冷蔵庫や食品庫から取り出しただけの「庫食」など、「味」について会話を楽しむ機会も減ってきています。何かを「食した時の自分の気持ち」を表す機会も少ないでしょう。こうして、子どもたちが表現力を身につけ、「おいしい」に自分の感じた「味」をつけ加えて表現し、相手に自分の体験や思いを伝えたい、共感を得たいという意欲をかきたてることができるようになりました。

「あのね、あのね」と食後の感想を伝えに来てくれる子どもたちの弾む声。その笑顔をみると、脳の中で「どんなふうにおいしいの？」「こんな味がするね」とこれまでの何倍ものアドレナリンを使って判断、記憶、感受性を刺激していることがわかります。子どもたちが食材の「味」を味わい、食の場を何倍も楽しめるようになったと感じました。

2　共通の体験を増やす

子どもたちに「味わい」について聞くと、食体験の違いで、発言内容や言葉に大きな違いがでると感じます。「ポップコーン」を食べたことがある児童、ない児童。ポップコーンを作ったことがある児童、ない児童。それだけでも「ポップコーン」という言葉を聞いた時のイメージは違ってきます。ポップコーンの袋を思い浮かべる子と、できたてのポップコーンの香りまで思い浮かべる子どもなどです。

二年生の生活科でとうもろこしから「ポップコーン」をつくりました。透明のガラス鍋に子どもたちが育てたとうもろこしを入れて火にかけます。真剣な目で、じっと鍋の中を覗き込む子どもたち。香ばしいにおいが教室に漂い始めます。やがて、「パン！」「パン！　パパン！」という音がし始めると一斉に歓声があがります。

チラチラと担任の顔をうかがい始めるのは、「まだかなぁ」「先生、はやく食べたいよ」という気持ちの表れです。最後にパラリと塩を降ってできあがり。小さな手に配ると、触ってみたり、においをかいだりと、出来立てのポップコーンのぬくもりを感じながら、神経を集中させていました。

とうもろこしの栽培から始まり、学校給食で使うとうもろこしの皮むき、収穫を終えると、いよいよ「とうもろこし」を題材にした生活科の学習も終盤を迎えます。①食材に触れ、育つ様子を知る。②生産者さんの思いや育てる工夫を伺う。③実際に自分で育て、収穫する。④最後はおいしく食べる。きっと「ポップコーン」という言葉を聞いただけで、今日の出来事を思い出すでしょう。同じ「ポップコーン」でも、学級みんなの共通の思い出として記憶に残ったことと思います。

最近では、経済的な格差から、子どもたちの生活体験にも差がでています。特に、食の環境は、食材の選択をはじめ、どんな料理を、だれと、いつ、どこで、どのように食べるのかで「味覚」の違いを生じさせます。そしてその差は、毎日、毎日、少しずつ積み重ねられ、大きな違いになっていきます。「ポップコーン作り」は火を使うため、大人と一緒でないと作ることができません。また、食べられるようになるまで時間を要します。じっくりと、子どものために時間をつくれる家庭環境が必要な体験です。

この後、「ポップコーンどうだった？」と聞くと、「いい匂いだった」「あのね、ポンッていうの」「給食でも出して」など、多くの子どもがしゃべりたくてしょうがなく、聞いて聞いてという積極的な態度に変わっていました。他学年にも、「二年生からのおすそ分け」と給食室で調理をしたポップコーンを提供すると、「あー作ったね」と二年生時の学習を振り返りながら食べていました。

家庭での「食の体験」を引き出す際には、配慮が必要だと反省したこともありました。五年生を対象に、おいしさと関係する「音探し」をした際、「『ジュージュー』は何を表した音でしょう?」との問いかけに対し、「『ジュージュー』はハンバーグを焼く音です」との答え。「わー、おいしそう」と声をあげる子どもがいる一方で、「そんなハンバーグ食べたことがない!」とさわぐ子どもも。「えー食べたことないの?」周りの子の何気ない一言にギクッとしました。レンジで温めるだけのものも増え、ハンバーグは鉄板で焼いて食べることが当たり前ではなくなっています。また、外食もできない家庭環境の子どももいます。子ども同士の一言に傷つく子どもがいなかったか、配慮の足りなさを反省した場面でした。

3 おいしさのひみつ――「食べる」ことを意識する

現在の勤務校の授業研究では、「食育」の視点を盛り込んだ授業を提案させていただきました。研究のテーマは「確かな学力の定着をはかるための指導の在り方」です。最初は、「『学力の定着』という観点から『食育』を取り上げて研究するのは意味があるだろうか?」との疑問がでましたが、子どもたちの「食」に関する課題と「学習意欲」「学力」との関連を説明していくうちに、「やってみよう」と合意にいたりました。

授業は五年生の「総合的な学習の時間」です。題名は「食をみつめて」です。その冒頭で、「おいしさのひみつ」と題し、担任の先生と一緒に研究授業を行いました。足立区は「日本一おいしい給食」を目指しています。これは、単に「給食の味がおいしい」というだけではなく、「おいしい」と感じることができる「人間性の育成」も含まれています。そこで、この授業でも「人が『おいしい』と感じるのはどんな時か、『おいしい』って、どんなことなんだろう?」と、子どもたちに気づいてほしいと学習内容を検討しました。その中での取り組みの一部を紹介します。

授業では、「『おいしさ』に関係することって何かな?」と投げかけます。「おいしいと感じるのはどんな時?」と聞くと、「好きな物を食べた時」「仲良しと食べた時」「外食した時」などいろいろな場面を思い出してくれました。

人が「おいしい」と感じるのはどんな時かを深めていくと、いろいろな意見が出てきました。「好きな味」「見た目」「産地」「音」「季節（温度）」「作っている人がわかり、話を聞いたとき」「仲良しと食べた時」など。

では、「同じものを食べてもおいしいと感じない時は?」と聞くと、「けんかした時」「怒られた時」「早く食べろとせかされた時」「歯やおなかが痛い時」「悲しいことがあった時」など、食の体験を思い起こします。加えて、「給食の時間の思い出は？」と促すと、共通の体験が学習の理解に役立ちました。

学習のあと、その日の給食を「和食器」にのせて提供しました。「『おいしさ』に影響するもの」を体感するためです。献立の内容も量もいつもの給食と一緒です。子どもたちからは「おいしそう」「給食じゃないみたい」との声。盛りつけの工夫によっても味が変わることを体験しました。

学校給食と学習

現在、私の勤務校では、「和食」特に「お米」への関心を高められるよう、給食を活用し学習の機会をつくっています。一週三回のご飯給食の際は、①産地直送のお米、②環境に配慮した加工にこだわったお米、③その時々においしいお米を食べさせたいと選定してくださるお米屋さんのお米と三種類のお米を提供します。それぞれの違いを感じながら子どもたちは味わっています。子どもたちは、生産者の思いや、環境との関わり、流通などを思い、人それぞれ好みが違うことも認識していきました。

各学年の教科と結びつけた献立を提供することで、該当学年は学習の中身を深め、他学年は学習の向上に役立てています。学校給食の機会を使って、共通の体験学習の場を提供することで教育の機会均等化に重要な役割を果たしています。

＊

感性の豊かな子どもたちは、自然を感じ、隣人を思いやれる力を身に付けていきます。学校給食の場を通して、人を思いやり、自然を感じ、命を大切にできる子どもたちの成長のお手伝いをしていきたいと思います。

第9節　一時保護所の子どもたちと食事の大切さ
——楽しく健康な食体験を味わえるように

渡辺早季

一時保護所は、児童福祉法に基づき設置される児童相談所に併設された行政機関であり、一時保護はさまざまな理由により健全な育成が妨げられている子どもを守るという目的で児童福祉の立場から行われています。このため、家庭内での養育困難な子どものほか、虐待や非行などさまざまな難しい問題を抱えている子どもが保護されています。

一時保護所の対象の子どもは、おおむね二歳から一八歳未満であり、集団の中で生活可能な子どもで、かつ常時医療的なケアを必要としない子どもです。保護の目的は、①緊急保護（迷子など、保護者が不明なときや、保護者による虐待など養育環境が不適切であるときなど）、②行動観察（非行、家庭内暴力、不登校などの子どもを一時的に保護して、十分な行動観察を行い、問題解決の方法を検討する必要があるとき）、③短期入所指導（短期間の心理療法、生活指導等が有効と判断され、他の方法による支援が困難なとき）であり、保護の期間は、原則二か月を超えてはならないとされています。

1　一時保護所の栄養士の役割

こうした子どもたちに対する一時保護所における支援は、福祉職、心理職、看護師、栄養士及び学習指導員といったさまざまな専門分野の職員が、子どもたちに多角的に関わっています。その中での栄養士の役割は、子どもたちの健全な発達と心身の健康保持のための食事を提供するとともに、望ましい食習慣を身につけることです。そのためには、一時保護所の現状と保護される子どもたちの状況を踏まえる必要があります。

一時保護所は、二四時間三六五日、子どもたちが緊急に保護される特性があります。保護される子どもたちは不適切な養育環境からの保護となることが多いため、これまでの生活環境を背景とする食生活の問題を抱えています。こうした現状から、一時保護所の食事提供には次のような諸課題があります。

毎食の食数の確定

一時保護所は、一日に何人もの子どもが入れ替わる日もあります。食数の確定は、子どもたちの食事をテーブルに配膳するまでを仕事としている調理室にとって、とても大切な情報です。

食数が正確に調理室に伝わっていないと、子どもたちの食事の提供ができなくなるなどの事故が起こってしまいます。

このことから、入退所に伴う食数把握については、速やかに食数を確定し、ミスなく食事の提供を行うためにさまざまな取り組みを行っています。通常の調理室への連絡体制としては、食数表を作成し、その日入退所する子どもの名前、学年、年齢、入退所時間を管理しています。調理室には食数のボードを用意し、毎朝三食の食数を記入しています。緊急の入退所については、いち早く担当部署から学年、食物アレルギー疾患等の食事に関わる病気の有無などの情報収集を行い、調理室に食数変更の連絡を行っています。

福祉職は、入退所がある場合には、食堂のテーブルに名前を貼り替え、椅子の用意、食堂の食数ボードの書き換えを行い、配膳時に何人の食事をどこに配膳するのか指示してもらっています。

夜間や休日も入所があるため、福祉職と栄養士が役割を分担し、調理室とも連携を取りながら、食事提供のミスを防ぐよう協力して行っています。

食物アレルギーなど健康情報の収集

食事を提供する上で、保護される子どもの健康情報を収集することも必要です。

子どもの健康情報は、児童相談所の担当児童福祉司を通じて一時保護所に提供される仕組みになっています。しかし、緊急保護時に保護者や保育園・学校などの関係機関から正確な食物アレルギー情報が得られない場合があります。幼児や障害児の場合には、自分で食物アレルギー情報を伝えることができないため、正確な情報が得られるまでは、アレルギー二七品目除去のレトルト食品を提供し、誤食の事故が起きないよう配慮しています。レトルト食の提供が長く続くと、子どもの健康を損なう虞《おそれ》もあることから、速やかな情報収集を関係各所にお願いしています。

一時保護所内の食物アレルギー対策として、看護師が食事箋《せん》を作成し、全ての部署で情報の共有化を図っております。調理室では、調理から配膳まで普通食と区別し、誤配がないよう細心の注意を払っています。食堂内では、食物アレルギーのある子どものテーブルに該当のアレルギー食材の記載されたシールを貼り、配膳の際に、福祉職と調理員が連携して、一人ひとりのアレルギー食材を再度確認するなどの対策を講じています。

食生活の改善（献立作成において）

一時保護所に保護される子どもは、ネグレクトをはじめ虐待などの家庭環境が要因で、三食きちんと食事がとれていない子どももおり、年齢や発達に応じた成長が十分でない場合が多々あります。

あわせて、保護前の家庭における食生活に偏食や欠食傾向があり、食べず嫌い・好き嫌いなど食事に関する課題を抱える子どもが多くいます。

このため一時保護所では、まずは子どもたちが「三食規則正しい食事をとること」、「残さず食べること」、「野菜をはじめとする苦手な食事にも好き嫌いなく食べること」などの基本的な食事習慣を身につけることを目標に掲げ、支援を行っています。

子どもの食生活の改善にとって一番重要なのは献立です。献立作成において、豊かな食生活を経験することで、子どもの心身の成長を促すことができるとの理念のもと、栄養価や献立メニューのバランスのみならず、様々な食材や味つけのバリエーションを豊富に、また重なりのない食事を提供できるよう留意しています。

さらに、行事食、季節献立、郷土料理、世界の料理、選択食など、食事の楽しみを感じられる工夫をしており、一時保護所の生活において、子どもたちの楽しみの一つとなっています。

毎月一九日に行っている食育の日の献立では、子どもが苦手な大豆や、身欠きにしん、ししゃもなどの、食べ慣れない食材を提供し、事前に子どもたちに食材の話をするなど、苦手な食材に対して向き合う機会を意識的に設けています。

一時保護所での食育の実践例

二〇一五年の八月の食育の日には、午前中に小学三年生以上の子どもたちに枝豆むきの授業を行い、夕食ではその枝豆を使った枝豆ご飯を提供しました。

授業では、枝つきの枝豆を見せて、枝豆や大豆の話をしてから、子どもたちに枝豆むきをしてもらいました。自分たちがむいた枝豆が夕飯の枝豆ご飯として配膳されると、枝豆むきを行った子どもたちの顔が誇らしげに見え、いつもの夕飯とは一味違うものになりました。特に、小さい子たちからお礼を言われて、喜びもひとしおの様子でした。

子どもたちが、自分たちの手でむいた枝豆を、他の人たちに食べてもらい、感謝されるという体験を通して、自分のしたことが人の役に立つのだということを実感し、これからの人生に少しでもプラスにしていってもらえたらと思います。

2　一時保護所での子どもの成長とこれからの課題

一時保護所での三食の食事提供を通じ、子どもたちにとって、食体験がどれだけ大切であるか、保護された子どもたちから感じとれます。

いつも苦手な食材を前に泣いていていて食べられなかった子どもが、たったひと月の間に「おいしいね」と言いながら笑顔で表情豊かに食べられるようになることもあります。

学童期、思春期の子どもたちは、入所当時は偏食が激しく、苦手で食べられなかった食事を短期間で食べられるようになり、中には、食事に興味をもち、積極的に食材について質問してくるなど、自分の体と成長、健康について考えることができるようになる姿を見ることができます。

こうした子どもたちの感受性の豊かさや、自分の身心に向き合うことができる力を身につけることができるのは、「食事の力」が大きな要素の一つであると感じます。子どもたちのこれらの成長は、豊かな献立の内容はもちろんのこと、福祉職の先生方が家庭同然に子どもたちに日々寄り添い、指導していることも大きいと感じています。栄養士が提供したいと考えている献立・食事を、子どもたちのより豊かな食体験に結び付けていくためにも、日々の献立内容の充実を図るとともに、なぜ、この献立・食材を使って提供したのかを伝え、福祉職と連携して食事提供を行っていけるよう努力していきたいです。

第4章　食材を作り、ふれる食教育

第1節　種まきから収穫、調理、食べるまでの体験で学ぶもの
――全面発達への芽を育む食育活動

河島利恵子、丸山浩

里山に暮らす子どもたちも例外ではない

子どもたちの偏食、肥満、痩せすぎ、アレルギー疾患など、食物による身体への影響が話題になって久しくなります。またそれは、心の面でも問題となっています。個食や孤食、過食症や拒食症、サプリメントへの依存などは、すぐにキレルなどの行動となって現れがちであるといわれます。さらに、家族のだんらんが失われることで、コミュニケーション能力が育たない子どもが増加しているともいわれます。

このような現象は、都心部だけの問題ではなく、私が勤務する里山にある学校の子どもたちも、例外ではありません。こんな現状を、少しでも改善したいと、四月当初に考えました。

「畑・縦割り班・教育課程」の活用で、人格を育む食教育を

まず考えたのは、学校の畑を利用し、種まきや栽培、収穫を子どもたちに経験させようとい

うことでした。私が担当する教科は、生活科、理科、畑全般の世話でした。中山間地のこの地域では耕作放棄地も多く、そんな畑の一つを学校で借り受け耕作していました。この畑を食教育に活用しようと考え、担任の先生方と一緒に栽培計画を立てました。

学校は、全校児童が五〇名ほどで、全学年が単学級です。学級単位の活動だけでは、人間関係が固定化しがちであることから、全学年を六グループに分け、一年生から六年生までの縦割り班を組織し、活動していました。この縦割り班で「食教育」の活動をしようと考えました。学校長が仲立ちして、栄養士を中心に、給食室・食育主任・私が話し合いを重ねました。この結果「種まき・栽培・収穫・調理・全校で食べる」の計画ができ、「食教育でどのような力が子どもにつき、どんな人格の変容が期待できるのか」共通理解を深めることができました。

また、学校の教育課程は「命・人権・平和」が、中心にすえられていました。この教育課程も「食教育」に生かせるのではないかと考えました。

「学校の畑」、「縦割り班活動」、「命の学習」を中心にすえた教育課程、この三つを食教育に活用して始めたのが、種をまき、育て、収穫し、調理し、食べる、という一連の体験でした。それは「苦いゴーヤも食べられるようになった」などの部分的な変化にとどまらず、豊かな人格を育む「食教育」となっていく可能性を秘めたものでした。

1　取り組みの経過

四年生の種まき・栽培・収穫・調理・食事の実際

四年生は、理科教材のゴーヤ、秋ものとして白菜、そしてコンニャクを栽培しました。ここでは、ゴーヤを中心にして、収穫から食べるまでの実践を紹介します。

・種まき……ゴーヤは四年生の理科教材で、四月半ばに種をポットに蒔き、教室で成長の観察ができるようにしました。育苗箱にも四〇粒ほどまき苗作りをしました。まず、観察カードを描きました。二週間ほどたつと発芽、土を割って出てくる様子を、教室で観察しました。

・栽培……次は、ゴーヤ棚の準備です。ゴーヤ棚の骨組みができあがったころ、苗を畑に定植しました。しばらくして網掛けをしました。そのうちに雑草がのびてきます。子どもたちと雑草とりをしました。最初のうちは「葉っぱだけをむしり取るような」取り方でした。何回も草とりを経験することで、しっかりと腰を落とし「草の一本一本の根元をしっかり見つめ、根元からつまみ、根を残さずにひきぬく」草とりに変わっていきました。六月も終わり頃、棚全体にゴーヤが生いしげってきました。花も咲きはじめたので、雄花と雌花の観察です。小指ほどの実ができる頃、どのようにして「命が引き継がれるのか」を理科の授業で学習しました。

・収穫……夏休みの直前です。ついにゴーヤが数本収穫できるまでに成長しました。どんどん実がなり、ついには畑のわきで売ることになりました。九月を迎えて、種採りです。一つのゴーヤを収穫しないままにしておくと、黄緑色になりました。さらに実が割れて、真っ赤な種が点々と散らばっていました。さっそく観察記録を描きました。命が次につながっていくことを確認しました。

・調理……九月の中頃、子どもたちと相談し、ゴーヤチャンプルを作ることにしました。四年生はまだ家庭科での学習をしていないので大変でした。鍋をはじめたくさんの調理器具を用意し、次にゴーヤ、肉や豆腐、油や味噌などの材料を準備しました。次は包丁やまな板を使って上手に切る作業です。包丁の握り方からはじめて、手を切らないように「猫の手」にすること、豆腐は手の上で切ることなど、一つ一つの作業に挑戦しました。そして、いよいよガスに火をつけます。まずは、火をつけることだけを練習しました。ガスコンロの火を付け、油をしき、肉をいためてと、手際よく、切った材料を入れて完成させます。

食べてみると、苦さもなんのその、おいしくいただけました。子どもたちは調理にも自信を深め、達成感を味わいました。全校のみんなにも食べてもらおうと教師の側から提案しました。自分たちが栽培し収穫したゴーヤを縦割り班の人たちに「食べてもらうために作る」のです。

・食事……三・四時間目に四年生が調理したゴーヤチャンプルを、昼休みの時間に全校で食

4年生が作ったゴーヤチャンプルを食べながら栄養士と食育主任の話を聞く生徒たち（2009年）

べました。このときには、栄養士が食材としてのゴーヤについての話をしました。

・四年生の子どもたちの感想と変化……

ある男子が次のような感想を寄せてくれました。

「今日、四年生の僕たちが作ったゴーヤチャンプルを全校の皆で食べる会がありました。みんなが『おいしい！』と、言ってくれるか心配でした。でも、みんなが『おいしいよ』と、言ってくれました。うれしいです。ゴーヤの命をもらって、これからは元気に遊んで、みんなと仲良くしたいです」。

　子どもたちには二つの変化が見られました。一つ目は、「考えながら食べる子」になっていったことです。食材の名前の由来、特徴、成長過程に思いを巡らしたり、棚づくりや雑草とり、日照りのとき、長雨のときと、「食材としてのゴーヤ作り」の苦労を思いおこし、命の不思議さに驚き、命をいただくことの意味を考えながら食事をする子になってきたように思います。

二つ目には、栄養の知識がふえ、食べ物と自分の体の成長との関係を理解するようになったことです。

他の学年の取り組みはどうだったか。

四年生を例にあげましたが、他の学年の取り組みを列挙します。

・この年初めての取り組みは、一・二年生合同の「ヨモギ団子作り」でした。
・一年生は、トウモロコシの栽培と「ポップコーン作り」
・二年生は、サツマイモの栽培と「石焼き芋作り」
・三年生は、オクラの栽培と「オクラのサラダ作り」
・五年生は、水田でのお米の栽培と「おはぎ作り」
・六年生は、聖護院大根の栽培と「大根の煮つけ作り」

2　食教育は子どもたちを豊かな人格に成長させた

この取り組みは、①「観察する力が付いた」「観察記録がとれるようになった」、②「草取りのコツがつかめた」、③「苦いゴーヤも食べられるようになった」、④「油やガスコンロが使えるようになった」など、子どもの変容をもたらしました。それらの力が重なり合って、子どもたちを豊かな人格に育み、「子ども集団」を成長させています。そのいくつかを紹介します。

食の共有で集団が成長し、質を高める

食べることは楽しいし、みんなで食べればもっと楽しくなります。楽しいと仲間同士が仲良くなれます。仲良くなれば「コミュニケーション」「意思の疎通」が豊かになり、言葉での交流が深くなりました。集団の中での「暴力」がへり、結果として班の「団結」が強まり、班でできることが質の高いものとなっていきます。それによって縦割り班での遊び・掃除・ゲーム・そしてウォークラリーも、しっかり成功させることができました。ヨモギ団子を作ったころ、ちょうど運動会のチーム別の結団式がありました。「食べることでその集団の団結する力が強まる」と考えて、全校でチームごとに集まってヨモギ団子を食べることにしました。ヨモギ団子を食べた後、応援の練習や、リレーの取り組みについて話し合いました。子どもたちはつぎのような感想を寄せています。

・二年女子、「私は一年生にヨモギ団子の作り方を教えてあげて、うれしかったです。ヨモギ団子がすごくおいしかったです。運動会でみんなと力をいっぱい合わせて頑張りたいです」。

・五年女子、「一・二年生が作ってくれたヨモギ団子は、とってもおいしかったです。本当にありがとうございました。これで、団結力が高まったと思います。私は、運動会では上川子ども獅子を完ぺきにやろうと頑張っています」。

段取りをつけ、見通しをもって作業することができる人格に

収穫から調理までのすべての過程で、完成した時の見通しをもって、順序よくていねいに、注意深く作業を進めていく子どもに成長しました。見通しをもち、そこに至るまでの過程を想像し、段取りをつけ、完成させる力を獲得することができました。畑に行っても、踏みつければ雑草が取りにくくなることを知った子どもたちは、むやみに走り回るようなことはしなくなりました。

問題解決能力をもった人格に

種の観察、成長記録を描くことなどを通して、観察眼が養われます。色、形、大きさ、手触りといった「観察カード」を描くときの観点がはっきりしてくるということもあります。それ以上に「下の方の葉っぱが黄色くなってきている。水が足りないのかな、肥料が不足しているのかな」という観察力を獲得していきます。また、振り返る力が付きました。焼き芋が芯まで焼きあがった班と生焼の芋のある班、これもはっきりと結果が現れます。

この時、「どうしてこうなったのかな?」と、子どもたちは否応なく考えることになりました。「おはしで芋を突き刺してみる回数が、少なかったんじゃない?」「火を止める前に、最後にもう一度おはしを通してみることにしようよ!」と、振り返る中で「次は、どこをどのように改善していけばいいのか」が、見えてくるようになりました。このように、問題解決の基本を学び、問題解決能力を身につけた人格に成長することができました。

前向き、意欲的で、根気強く頑張る人格に

「ゴーヤの芽が出てきたよ。畑に植えてやらなきゃね」。「つるが五〇センチくらいになったのもあるよ。棚作ろうよ」。子どもたちは、命をはぐくむことに前向きで、意欲的な態度を見せていました。また、根気強さも身につけていきました。周りの子ども達から期待され、「こ

の頑張りが、おいしい料理につながる」という見通しをもてた時にこそ、粘り強さもやる気も大きく育っていくのです。

優しさやていねいさを育む「食教育」

一回目にゴーヤチャンプルを作った時には、ガスコンロの周りには、フライパンの中身が飛び散っていました。二回目に作った時には、ずっと少なくなっていました。作業に慣れてきたと同時に、ていねいな作業を心がけるようになりました。ポップコーンを作る時、焦げ付かないようにフライパンをガスコンロの上で揺らすのですが、一年生は「優しく揺らして、優しく揺らして」と、声をかけながら、揺らしていました。食べてもらうなら、焦げ目のない「真っ白なポップコーンを！」と思うのでしょう。子どもたちのそんな思いが、ていねいさや優しさを育む原動力となっているのです。

命の尊厳・自然に対する畏敬の念が養われる「食教育」

「あんなちっちゃな種のどこに、土を押しのけるような力があったのかな！」土をもち上げながら黄緑色の芽を出したオクラを見た時の三年生の言葉です。また、一年生は「先生、どうしてトウモロコシは、土に埋めると芽を出すの？」「どうやってトウモロコシは『もう芽を出していいんだな』って、思うの？　不思議！」と言っていました。子どもたちは命の尊厳や自然への畏敬の念を心にしっかりと蓄えていきました。

感謝の気持ちを込めて「いただきます」が言えるようになりました。それは、自分たちの体験を通して、食べ物を食べられることのありがたさと、育てた人や作った人への感謝の気持ちをもつことができたからです。

「食の主人公」になることは「社会の主人公」への第一歩

種まき・栽培・収穫・調理・食事のすべての過程を体験したこと、その体験が一つの学年ではなく全校で取り組まれたこと、この二つの体験が合わさって子どもたちは「食の主人公」になることができたと思います。「食教育」が子どもたちの豊かな人格を育み、子どもたちを大きく成長させたと思います。

3　残された課題

課題の一つは、子どもたちの食べ物についての目を、もっと大きく世界に広げることです。世界の食料危機や日本の食料自給率のことなど、日本や世界が抱える問題に対して、子どもたちの視野を大きくひろげていくことを社会が求めています。文部科学省がいう「早寝・早起き・朝ごはん」のスローガンは、「食教育」を家庭の問題にすり替えています。

ＴＰＰ問題も避けては通れません。また、加工食品・中食《なかしょく》・食品添加物・残留農薬など、食の安全を巡る問題にも子どもたちの目を向けさせる必要があります。さらに、生産者に登場してもらい、生産者の意見（農薬や化学肥料の問題・経営の問題・農業の苦労や喜びなど）を、子どもたちに直接伝えることが大事です。

学校給食の運営の問題も考えなくてはなりません。この学校は、市雇用の調理員二名と市の臨時職員である栄養職員一名で給食を作っています。栄養職員も毎朝の職員打ち合わせや職員会議に出席し、発言することができます。直営自校方式という学校給食運営が、食教育の可能性を大きく広げるものとなっています。八王子市での栄養職員の配置は不十分です。献立も「統一献立」です。特に栄養職員の身分の改善が不可欠です。現状では、子どものための給食作りは困難です。

4　人格形成に欠くことのできない「食教育」

この実践は、食教育が「人格の完成」を目指して進められる学校教育の中で重要な役割を担っていることを明らかにしました。もちろんそれは、学校における他の分野とも連携して進められることですが、「食教育だからこそできること」「食教育にこそできる子どもの人格の変容を促す取り組み」があると思います。

「食教育には、教科書もなく戸惑うこともある」という声を聞くこともあります。他方で、その自由さを活用し、学校に働く全教職員が協力・協同して、地域の実情に見合い、子どもの実態に即した、多様で創意あふれる実践を展開することができるのではないでしょうか。

学校教育が「学力競争中心」にゆがめられ、子どもたちの生きづらさがましている今日だからこそ、人格丸ごとの発達を促す「食教育」にさらに意識的に取り組むことが重要になってきているのだと思います。

第2節　人生の土台を築く保育園給食
――和食大好きな子どもに変身

井上秀幸

一一年間という短い間ではありますが、法人内の保育園三園を栄養士として経験してきた中で、日常の給食や食育活動を通して子どもたちの食嗜好がどのように変化したのか、また保育園給食がもっている、あるいはもつべき役割を、最初に勤務した園の実際の活動を交えてまとめました。

1　献立内容と食育

増加している食物アレルギー児の対応や、ユネスコ無形文化遺産に和食が登録されたことなどにより、現在、和食中心の献立を提供している園は数多くあります。保育園の子どもたちが食べる給食というと、一般にはハンバーグ、スパゲティといった、いわゆる子どもが好みそうな内容がイメージされがちですが、そういう献立も取り入れながらも、最初の保育園では、入職当時から、主食は米飯、主菜はシンプルな焼き物や煮物、揚げ物、副菜はお浸しや切り干し大根、ひじき、切り昆布の煮物、お誕生日メニューにはお赤飯、おやつにおにぎりや蒸《ふ》かし芋があるといった和食中心の内容でした。貴重な食体験の場として、しっかりとした嗜好の土台を築き広げていくためにも、保育園ではこうである方がよいと、今でこそ思っていますが、当時は自分の中のイメージとの違いに驚いた記憶があります。

最初に勤務した保育園は、二〇〇四年に民営化されて一年目の園で、保育士は入れ替わり、献立内容も公立のものから法人作成のものに切り替わるなど、子どもたちにとっては非常に大きな環境の変化があった状態でした。そのため、公立時代に子どもたちの活動量が少なく、食が細かったことも影響して、最初の半年間は残食の量が多く、毎日二〇〜三〇パーセントほどもあり、特にお赤飯は四月の誕生日の昼食に出したところ、半分近くが残食として帰ってきてしまい、おやつにおにぎりとして出していこうという形になるほどでした。

ですが、保育環境の改善や保育士との信頼関係の確立、子どもたちの活動量の増加に加え、二年目からは「調理保育」「食育活動」という形で食材の下処理を少しずつ取り入れるなどしたこともあり、徐々に食事量は増え、クラス配膳も行えるようになってからは残食は多くても五パーセント程度と大きく減り、お赤飯はおかわりが必要なほどになりました。

栄養士である私も、調理作業も行っている関係上、子どもたちと触れ合える機会はどうしても限られてしまいます。それでも、初年度は副菜の和え物や煮物などに対して「苦手～」「なんで出すのー？」といった子どもたちの声が聞こえていましたが、少しずつ「食べられたよ！」という声が混ざり、四～五年経った頃には「これ（和食）好き～」「今日切り干し大根？　やったー！」といったような声が聞けるようになりました。

子どもには苦手というイメージをもたれがちな和食ですが、出汁《だし》を効かせ、ていねいにおいしく作ったものを幼い頃から日常的に食べ、食材に触れる機会を作り、和食や食そのものを身近な存在として生活していけば、少しずつ慣れていき、苦手なものであっても好むようになってくるということが子どもたちの姿とその変化からわかりました。またそれと同時に、保育園で提供する給食の影響力の大きさとその重要さをとても強く感じました。

園の献立の内容としては、和食中心の、主菜一品・副菜二品（和え物・煮物）・汁物の一汁三菜を基本として手作りしています。献立作成の際は、旬の食材を取り入れることはもちろん、毎食彩りとなる緑や赤色の食材を中心に使用するなど、見た目にも配慮し、果物は八百屋さんにその時々におすすめのものを仕入れてもらいました。また二週間サイクルのメニューとなっていたので、子どもたちが家庭で食べなれていない料理と接する機会を多くすることができ、また苦手なものがあれば次回の同じ献立の日に作り方や調味料の配合を調整してみるなど、子どもたちの嗜好に対応することもできました。

食育活動と子どもの変化

子どもたちが行う食育活動というと、季節の行事に合わせた調理や野菜などの栽培といった賑やかなものが思い浮かぶと思いますが、それらとは別に、食が特別な行事ではなく身近にあるもの、日常の中に当たり前にあるものとして意識できるように普段の活動の中で実体験できるものを基本として行ってきました。

〇歳から二歳クラスの乳児、三歳から五歳クラスまでの幼児の共通活動としては、芋類、葉物類、きのこ類などを中心とした食材との触れ合いを日常的に行ってきました。皮むき、泥洗い、ちぎる、折る、さく、はがすといった下処理から、見たり触ったり匂いを嗅ぐなど簡単なものまで、子どもたちの発達に合わせて各クラスに担当してもらい、季節によっては空豆やグリンピースのさやだし、たけのこの皮むき、そうめんかぼちゃほぐしなど、旬の食材に触れられるようにもしてきました。またクラス内でガスコンロと中が見えるガラス鍋を使用し、中の変化を見て盛り付けて食べるまでを体験するポップコーン作りや、乳児は大人が、幼児は子どもたちが生地を作り、思い思いの形に成形する白玉団子、クッキー作りなども行いました。

乳児クラスでの特徴的な活動としては、ブロッコリー、カリフラワー、人参といった苦手な子が多いものを中心とした野菜の塩茹《ゆ》でを行いました。クラス内でガスコンロと中が見えるガラス鍋を使用し茹でて、茹でている食材の状態と変化を見て、盛り付けたものをその場で食べるというものです。

幼児クラスでの活動としては、当番活動としての給食のクラス配膳や、クラス内で下処理から調理、盛り付けまでを子どもたちが中心になって行う給食のご飯炊き、おかず、おやつ作り（ラップでおにぎり、ホットプレートで肉野菜炒め、フライパンで鮭の塩焼きなど）。収穫したものをクラス内でそのまま、もしくは調理して食べたり、給食室へ持っていき調理してもらうこともしてきました。野菜、お米、きのこなど、子どもたち自身が関わりやすいものを中心に栽培してきました。また、家庭の中で作る機会が少なくなってしまった日本の伝統食としての梅干しや味噌、梅シロップなど、下処理から仕込み、できあがるまでに時間が必要なものも幼児クラスでは取り組みました。

目に見えての大きな変化ということでいえば、乳児クラスでの野菜の塩茹でが顕著でした。午前中に材料と道具を持ってクラスにお邪魔し、その場で調理し盛り付けて一口サイズの小さな野菜を食べる。ただこれだけなのですが、やはり小さな子どもたちにとってはとても新鮮に感じるようで、普段野菜を一口程度しか食べないような子も含めて、茹でることから盛り付けまで視線は釘づけで、自分の前に配られると一口でぱっくりと平らげ、すぐさま三回、四回と何度もおかわりをする姿が何人も見られました。

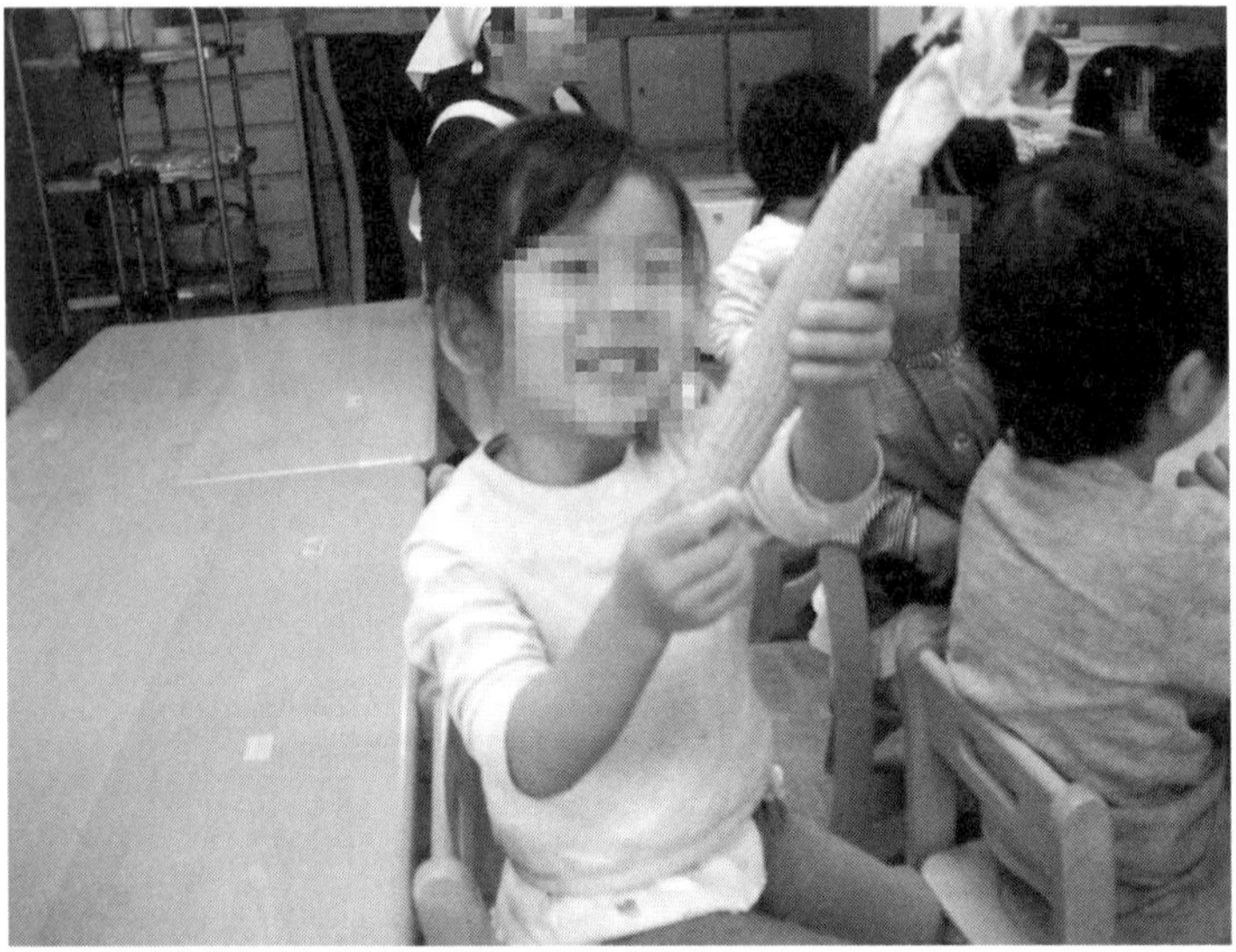
ポップコーンづくり

そしてそれ以降、給食で提供する野菜に対する苦手意識も大きく減り、自信をもってしっかりと食べられるようになっていきました。またこの活動を発展させるために、幼児クラスでのおかず作りにも繋がるように、その場で茹でた野菜を調味料と合わせて和え物を作るといったことも行いました。

乳児クラスでは、おかずは調理室で盛り付けて提供し、保育士がその場で一人ひとりに合わせて量を調節しているのですが、和え物を作った日はそれをクラスで盛り付けます。調味料の匂いを嗅いで、目の前で茹でられ和えられた料理ということもあり、盛り付けの時点でたくさんほしいという子がほとんどで、普段は食が細く盛り付け量を半分以下にしているような子でも、通常の量を食べられてしまうほどでした。

また、ポップコーン作りでは、栄養士からは変化についての細かい説明はせずに、熱いものを扱っている時の注意点と、どういうふうに鍋の中が変わっていくのかを見てみようということを伝えました。家庭で作ったことのある子は、「ポンポンするんだよ」と、これから起こる変化について周りの子に伝えながら鍋を見る一方、初めて体験する子は鍋の変化を見逃さないようにじっと見つめているなど対照的でした。

調理していくにつれて「まだかな」「ちりちり音がしてる」「いい匂い」などの声が上がり、ついにはじけ始めた時は、驚く子や立ち上がって喜ぶ子、思わず鍋に近づいてしまうなどさまざまな反応があり、次々とはじけるポップコーンを見守りながら楽しそうにできあがりを待っていました。二回目以降に行ったときは、ほとんどの子が最初からじっと鍋に集中し、鍋の中の変化を「まだ音がしてこないね」「いい匂いがしてきたからもうすぐはじけるよ」といったように予想しながら様子を見る姿が見られました。

卒園文集に書かれた好きな献立

二〇〇九年の卒園文集から保育士の発案により「好きな献立」という項目が追加されました。保育士が園児一人ひとりに聞き取りを行い、今まで食べてきた給食の中でどれが一番好きかを

2009年　男児11名　女児７名　　合計18名（和食を選んだ園児10名）

	和食（７名）	和食以外（4名）		和食（３名）	和食以外（４名）
男児	煮豆	ハヤシライス	女児	きつねうどん	ミニトマト
	切干大根	唐揚げ　２名		おひたし	野菜スープ
	三色丼	ぶどう		人参のお浸し	唐揚げ
	ほうれん草の白和え				いちごジャムサンド
	鮭のちゃんちゃん焼き				
	大根の味噌汁				
	鶏肉の照り焼き				

2010年　男児９名　女児10名　　合計19名（和食を選んだ園児12名）

	和食（５名）	和食以外（4名）		和食（７名）	和食以外（3名）
男児	れんこんのはさみ揚げ	ハヤシライス	女児	高野豆腐と豚肉の煮物	手羽元の唐揚げ
	豚肉の野菜炒め	醤油ラーメン		カリフラワーのおかか和え	カレーライス
	ごぼうの炒め煮	唐揚げ		鮭の塩焼き	肉まん
	かぶのすまし汁	ししゃものサクサク揚げ		鰆の磯辺揚げ	
	五目炊き込みご飯			ちらし寿司	
				ご飯	
				油揚げのみそ汁	

2011年　男児８名　女児12名　　合計20名（和食を選んだ園児13名）

	和食（７名）	和食以外(1名)		和食（６名）	和食以外（６名）
男児	鶏肉の香味焼き　３名	唐揚げ	女児	鶏肉の香味焼き	味噌ラーメン
	そぼろおにぎり　２名			肉じゃが	鶏肉のマーマレード煮
	鶏肉の照り焼き			ご飯	カレーライス
	人参の甘煮			れんこん料理	豚肉のカレー炒め
				まさご揚げ	トマト煮
				鶏肉の野菜あんかけ	唐揚げ

2012年　男児７名　女児12名　　合計19名（和食を選んだ園児３名）

	和食（２名）	和食以外（5名）		和食（1名）	和食以外（11名）
男児	れんこんのはさみ揚げ	鶏肉の唐揚げ　３名	女児	焼魚	肉のおかず
	まさご揚げ	カレーライス			餃子　３名
		豚肉のおかず			スパゲティー　２名
					唐揚げ　２名
					カレーライス　３名

聞きました。

直近で食べた給食や調理保育で作った印象的な料理など、感覚的な部分もある回答ですが、子ども自身が、文集に載せる項目として、普段食べている給食の中から選んだものなので、その子の中での比重は大きいのではないかと思われます。一般的に子どもが好むと思われる料理も選ばれ、特に二〇一二年は和食を選んだ子は非常に少なくなってしまいましたが、和食の主菜や副菜、汁物など給食で日常的に提供してきた料理もちゃんと選ばれていて、普段の給食が嗜好に影響していることが確認できました（表）。

2　保育園での食育の意味

運営母体や各保育園で色々な考え方がある保育園での食育ですが、自分が経験してきた中で大事だと感じたのは、「日常が基本であり、それが将来の土台になる」ことです。もちろん行事食や調理保育などをはじめとした非日常的な体験もとても大事で、それらは印象的に子どもたちの中に残りますが、それと同様に、日常的な給食で食べているものも同じように深いものであり、土台の部分で子どもたちの一部になると思われます。そのことを、子どもたちが苦手だった和食献立を好むようになっていった過程や卒園文集の子どもたちが選んだ好きな献立を通じて強く感じました。

生活習慣病が日本人の死因の上位を占めるなど健康上の大きな問題となっている近年、改善するべき要素の一つとして、食の欧米化といわれる食生活が挙げられています。欧米化といっても、大人であれば程度の差はあっても自身で食べるものを選択することができます。ですがその選択肢には、高タンパク質・高脂質・高塩分といった本能的に好む味に加えて、自身が好きなもの、食べたいもの、食べられるもの、食べたことのあるもの、詰まるところ、経験したものを土台としている部分の割合が少なくないと思います。成人の、既に出来上がってしまった食生活の中に、新たに健康的な料理を組み入れるということは中々難しいことではありますが、乳幼児時代に体験した味を掘り起こすという形で選択肢の中に少しでも含ませることができれば、こういった問題はより改善しやすくなるのではないでしょうか。

そういったことを踏まえ、食体験の原点に近いところにある保育園の給食・食育では、家庭でも接する機会が少なくなりがちな和食を中心とした給食を提供し、また伝統食や食材に触れる、調理をする、野菜を育てるなど乳幼児時代の幅広い豊かな食体験を提供し、大人になってからの健康的で豊かな生活を送るための基礎作りの一端を担うことが重要な役割ではないかと強く感じました。

第3節　実物との出会いで変わる子どもたち
――想像力をふくらませ食と自己を深める

松本恭子

初めて着任した小学校で現在七年目を迎えています。自分の育ってきた家庭や地域、自然、保育園から大学までの多くの環境で、今の私の価値観は作られたと、様々な機会に感じてきました。それは、たくさんの自然、たくさんの人々との出会いでもありました。

小さなころは、虫を捕まえたり草木で遊んだりしました。それは、たくさんの観察と数々の発見の連続でした。今ではそれが科学への興味につながる体験だったと思うようになりました。

私の家庭は両親共働きで、小学生のころは家族そろっての夕食はいつも一九～二〇時から始まりました。学校から戻り、遊びから帰ってからの時間は、母の用意してくれたおにぎりやふかし芋、とうもろこしやパンを食べて、両親の帰りを待ちました。いたってシンプルな食べ方でしたが、自然と食材そのものの味を覚えました。それに、蒸すだけ、ゆでるだけで十分に美味しいということを知ったともいえます。

思えば、両親は、時刻が遅くても家族みんなで食卓を囲む時間を大切にしていたような気がします。その分、礼儀や作法は厳しく教わりました。また、夕食を作る様子をよく見せてくれたことが、後に自分で調理することにつながり、家族の食事作りへ変わっていきました。

1 「何のために」を考え

さて、いま職場で出会う子どもたちに目をやると、はしの持ち方、食器の置き方、食事中のマナーは半分以上が身についていないのが普通といった感じです。若い先生方から見ても、一緒に食事をとると唖然《あぜん》としてしまうような子どもの姿さえあるといわれます。さらに私が驚いたことは、子どもたちの、授業への意欲の低さと根気のなさでした。それは、便利すぎる生活の中で身についてしまった現代社会の問題とも感じてしまいます。「将来の夢は何？」と問うと、「特にない」という子どもたちの多さには衝撃を隠せません。自信がないのか、恥ずかしいのか、本当に未来に希望がないのか……。

そんなことを思っている時、一人の先生に出会いました。先生は、「食べることに興味のない子どもはいない。食べ物や食べることを教材にできたら、子どもたちは喜ぶでしょうね」と言ったのです。そしてその先生は同時に、「何のためにこの授業をするのか」「何のために子どもたちの前に立つのか」という問いを常に考えている先生でした。私は、ずっとその「問い」

を自分の中にもつようになり、考えるようになりました。「何のために」私は食の授業をするのか、「何のために」栄養職員としてこの学校にいるのか……。

一つの答えは「食育」とは、主に家庭で身につけることのできていた内容であったこと、それは小さな経験の積み重ねで、たくさんの発見に満ちていたということでした。それが、たくさんの「なぜだろう？」「やってみたいなぁ」という気持ちに発展していき、学校で学ぶ準備になっていたのだと思います。

多忙化する社会の中で、子どもたちが家庭において食に関する体験をする機会が減っています。家庭での身近な食を通して学べることは、食材や健康に関する知識だけではなく、他人と食事をする時のマナーをはじめ、「もったいない」という言葉の意味、食材の命への感謝や、食材を通した季節感など様々な価値観だったのではないでしょうか。それはまさに、社会とつながる想像力を育むものではないかと思います。そしてまた学校で行う食教育は、授業と学校給食の連携により、知識と体験を生きる力とする学びの機会となると感じています。

2　子どもたちのワクワク・発見・驚きを授業の導入や発展に

食に関する体験の多くは、もともと家庭の段階で得られるものが多いので、その体験が基となって子どもたちの学ぶ意欲を引き出すことができると実感します。いくつかの例を紹介してみます。

二年生国語「さけが大きくなるまで」

この単元は、「文章の全体と部分の関係を考えながら、順序に気をつけて読んだり書いたりする」を目標としている説明文です。この説明文では、鮭の体長や特徴を成長の段階と共に描いていきます。子どもたちは成長段階ごとに、少しずつ鮭に感情を移しながら、鮭の一生を読んでいきます。この国語での理解と同時に、子どもたちに丸ごと一尾の鮭を切り身の形まで包丁でさばく様子を見る機会を作りました。

登場シーンでは、「鮭はどれくらいの大きさか、手で表してみよう！」と、子どもたちは各々のイメージを手で表します。そのままの鮭の登場シーンでは、子どもたちの「わぁ〜大きい！」と、一気に鮭に引き込まれます。説明文で読み取った鮭の特徴を担任の先生と確認しながら、次第にお腹を開いて内臓や血を目にすると、「うわぁ〜」と言いながらも子どもたちは真剣に観察するようになりました。途中で、「先生はひどい！　鮭がかわいそうだ」とか、「内臓が気持ち悪い」という声が聞こえてきます。そうだねと言いながらも、鮭の解体は続きます。それが見慣れた切り身になった時、子どもたちの口からポロっと「美味しそう」という声が漏れてきます。明らかに、初めと違った気持ちが子どもたちの中にあるのがわかります。どれも子どもたちの素直な感想です。

もちろん、この日の給食は鮭の塩焼きにして、二年生の子どもたちは、授業で見た鮭と重ねながら「いただきます」をします。普段の鮭の塩焼きは、骨を除けるのが面倒だとか、皮が嫌いなんだとか言っている子もいますが、この時の子どもたちの食べ方は大きく変わるのがわかります。大人が「もったいないから食べなさい」とか、「命に感謝しなさい」ということは言わなくても、「ヒロくん、皮まで食べなよ」とか「この鮭も海で泳いでいたの？」という声が子どもたちの中で交わされるのです。これこそ、体験が生んだ言葉ではないでしょうか。

鮭は身近な食材でありながら、生きている鮭はおろか一尾の魚として見ることはほとんどなく、その一生について読み解いていくことは、食育の視点からも重要な機会といえます。この授業で子どもたちは、「切身の鮭」と「一尾の鮭」を自分自身の中でつなげることができました。それから始まって、次に自分自身で「どう食べるか」という問いへと発展することができたのだと思います。

そして、すごいのは担任の先生です。この体験をした後には、様々な機会にこの体験を思い出させ、「あの時の鮭と同じように……」と、子どもたちの想像力を伸ばしていくのです。

三年生国語「白菜ぎしぎし」

三年生の始めのころ、白菜の漬物を作る様子が描かれた詩を読む授業がありました。その詩を、〝豊かに工夫して音読する〟というものでした。元気いっぱいに、リズムや繰り返される「ぎしぎし」の読み方などを工夫する様子がありました。でも、この様子を見て担任の先生が「私のクラスの子たち、詩の意味をわかってないみたい。白菜の漬物なんて作っている家庭あんまりないのかもしれないから、見せてやってくれない?」とつぶやいたことがきっかけで、授業中に白菜の漬物を漬ける作業を見せることになりました。

国語の授業の一〇分を使って、道具をはじめ、白菜独特の葉がこすれる音や、塩をふってキラキラとする瑞々《みずみず》しさ、上に乗る重石《おもし》の重量感を体感します。

よくよく子どもたちと話をしていると、桶、重石、ちぢれた葉……など、詩の中には子どもたちの知らない言葉がたくさんあるということに直面しました。私たち大人が想像もしていないくらい知らないことが多かったのです。日本に伝わってきた生活が、いつの間にか身の回りからなくなってきていることを、私たちは子どもたちから知らされました。

さて、一度この漬物づくりの様子を見た子どもたちの音読は、劇的に変わりました。読みの工夫はもちろん、登場人物の張り切る様子や、読みの柔らかさや激しさ、詩の読み終わり方など、一人ひとりの感性で音読の工夫が広がりました。そしてなにより、「これ、いつ食べられるの？」という満面の笑みでの期待感は、詩の最後にある「この次会う時おつけもの」という言葉の読み方の工夫につながりました。

このような具体的な変化はもちろんですが、子どもたちが主体的に、前のめりになって詩に向かう姿勢は、大きな変化といえるのではないかと思います。食の視点からも、三年生の段階で漬物の文化や、身近な科学（発酵など）に触れることは、大きな体験となっています。

五年生社会「食糧生産を支える人々」

五年生は、農業・漁業・水産業と、食糧の生産とそこで働く人々について学びます。また、国内の流通や国外からの輸入についても学ぶ時期でもあります。この学年では、たくさんのゲスト・ティーチャーが活躍する場面でもあります。農業者、漁業者、水産業者などの生産者、そして全員に関わって最も身近な消費者である学校栄養職員の私たちも、年間を通して授業に参画することがあります。生産についての知識を学び、生活に活かすという単元目標の一つのモデルケースが学校給食にあるからです。

その一つに、「もしも輸入が止まったら……」という教科書の一コマを、五年生の実際の給食で表現してみました。もちろん時差をつけて通常の給食を追加しますが、初めに届く給食には、欠けているものがたくさんありました。子どもたちの楽しみにしていたピザパンもテーブルからなくなりました。「どうせ先生たち僕たちをだましているんでしょう?」と、疑ってくる子どもたちに、栄養職員は申し訳なさそうに「値段が上がり過ぎて買えなかったの、ごめんね」と、担任は子どもと一緒になって「こんなことがあるのかぁ〜」と芝居を打ちました。

三分……五分……と時間が経つにつれて、だんだんと深刻になっていく子どもたち。習っていた輸入や流通、食糧自給率の学習が、急に「自分ごと」になってきました。そして給食後の五時間目には、五年生全クラスが社会科で輸入に関する授業を受けました。いつもなら理解ができなくてつまらなそうにしている子も、真剣に質問をしていました。

想像力というのは、一度の小さな経験から、大きく広がるのだということを、子どもたちの様子から実感しました。社会科の授業は、高学年になればなるほど身近な地域から範囲を広めていったり、見える問題から日本全体や他の国の問題になったり、どんどん範囲が遠く広がり、具体的な体験のない内容になっていきます。しかしこの給食と授業では、「もしも輸入が止まったら」……という子どもたちにとって果てしなく遠い世界の話でも、ほとんどの子が他人事ではなく「自分ごと」としてとらえるきっかけになったと感じました。食は、子どもたちにとってはまさに社会を知るための入口になり得るのではないかと確信しました。

＊

私は、学校栄養職員として、学校給食を「生きた教材」にできるよう、第一に美味しい給食を提供することが大切だと思います。同時に、食を通して私が子どもたちに伝えようとしていることは何かを毎日考えながら、あらゆる機会に見える形にしていくことが必要と考えます。

その一つが授業です。決まった形がない、食に関する指導だからこそ、こうした授業と関連づけた学校給食の可能性は、無限大にあるのではないかと思います。子どもたちの豊かな成長に向けて発信し続けていきたいと思います。

第5章　地域とつながって広がる食教育

第1節　生産者が作った野菜を目の当たりにして
――おいしい野菜にこめられた労働と知恵に学ぶ

南幸子

栄養職員として地元の野菜を使って給食を提供するようになったのは一九九三年のことです。区立F小学校に在職中、地域めぐりをしていた教頭が、野菜を無人販売していた農家の人と出会い、給食にも届けてもらえることになりました。早朝に収穫してリヤカーに積んで届けてもらったきゅうりやキャベツはとても新鮮で、子どものみならず、教職員からも「おいしかった！」の声が聞かれるようになりました（その頃、地元野菜を給食で扱うのは、とても珍しく、NHKの放送番組や杉並区の区報、週刊誌などでも大きく取り上げられました）。

農家の方には六年生の社会科の授業にも出向いてもらい、「昔の農機具の話」などをしてもらいました。農家の人の生の声を聞く機会などほとんどない都会の子どもたちが、農業や野菜をより身近に感じることができました。

二〇〇九年の頃です。給食の残菜を見るたび無念の思いでしたが、区立F小学校の栄養士から、地元農家、鈴木宗孝さんを紹介してもらい、買い付けを考えました。校長に相談したところ「それはよいことです。是非、お願いしてください」の声で、実施することになりました。杉並区など、都市農業では後継者問題や相続税などによって畑を売却せざるを得なくなり、年々耕地面積が減少していますが、鈴木さんは先祖代々の農業を廃業したくないとの思いから、サラリーマンを辞め、後継者になられました。

1　地元の野菜を給食に生かして

杉並区の「二〇一五・農産物直販マップ・ふれあい農業すぎなみ」の資料（杉並区農業委員会発行）によると、杉並区の面積は三四〇二ヘクタール（三四・〇二平方キロメートル）、農地面積は四六・二七ヘクタールで全体の一・三六パーセントにあたります。農地のある都内の一〇の区部のうち、五番目の農地面積となります。

鈴木さんの畑は、いろいろな種類の野菜を栽培しています。八月に畑を見学させていただいた時は、きゅうり、玉ねぎ、にんじん、小松菜、ほうれん草、長ねぎ、キャベツ、じゃが芋、えだまめ、とうもろこし、ゴーヤー、オクラなどを栽培していました。テントで野菜の販売もしています。畑の隅では堆肥作りをしていました。二〇一五年より杉並区の農業委員会では「エコ農産物」として認定しています。

畑からの直行便

給食室に届けられた鈴木さんの小松菜は、土から掘り起こされたばかり、葉先が手に当たるとゴワゴワしています。水分がたっぷり含まれている証《あかし》です。そこで、朝の職員朝会時に紹介しました。「今日の給食に使われる地元の野菜です」と現物を紹介すると、「えっ、これ小松菜ですか？」と担任が近寄って見にきたのです。給食の時間に教室に持っていくと、「それ、何ですか？」一年生からは「きっと、はくさいだよ」「ちがうよ、ほうれんそうだよ」と声が飛び交います。「今日の給食に使われた小松菜ですよ！」と説明すると、「えっ、……！」と、スープの中の小松菜探しが始まったのです。

新鮮なとうもろこしや枝豆が食べたいと考え、鈴木さんに「とうもろこしや枝豆を給食に届けていただけませんか」とお願いしたところ、「人手がないので皮むきをしたり、枝豆もぎをするのは無理なんです」と、断られてしまいました。そこで、一年の担任にはとうもろこしの皮むき、三年には枝豆もぎの話をもちかけると、一年は生活科、三年は国語『すがたをかえる大豆』につながるのでと、快く引き受けてくれたのです。二時間扱いで、講師の鈴木さんに栽培の方法を教えてもらい、絵にしたり、まさに「生きた教材」として、子どもたちの学習の場が広がったのです。

「暗がりでは頭にカンテラを付けて収穫します」。２年生にとうもろこしについて説明する鈴木さん（2015年）

一年生の教室に運ばれたとうもろこしはビニール袋に入り、ケースに収められて並んでいます。何が始まるのか、いつもざわついている子どもたちですが、集中して見つめています。

講師として招かれた鈴木さんから「朝三時に畑に向かい、収穫して持ってきました。カンテラを頭に付けて、収穫するのです」。子どもたちは不思議そうに「カンテラってなんですか?」「どうしてですか?」の質問が相次ぎました。「暗いので、傷はないか、どれがおいしいものかを見極めるからです」「畑を耕したり、肥料をやったり、種をまいたり、食べられるようになるまで三〜四カ月はかかるのです」「とうもろこし一本の枝には三〜四本の実が付きますが、一本しか育てない、それは一本に栄養が行きわたるようにするためです、今年はハクビシンにやられておいしいところを食べられてしまいました」などと、いろいろなことが伝わってきました。

その後、一本のとうもろこしを渡されて、大事そうに持ち、しっかりと丁寧に描き留めることが出来ました。

給食の時間に教室を巡回すると、どこのクラスからも「すごく、あまくって、おいしい」「こんなにおいしいのはじめてたべた」の声が聞かれました。

「枝豆」の枝まるごとから見えてくるもの

収穫したばかりの枝豆の葉はピンとしていて緑色が鮮やか、葉っぱも勢いよく、豆もたくさん生《な》っています。抱えてみたら、温かく、湿っぽく、息が感じられました。子どもたちの前に届けられると、「わ〜すごい」の声が聞かれました。

鈴木さんから、「この豆は四月二二日にまいたものです。ようやく食べられるようになりました」「今年は六月ごろ寒かったので、育つかどうか心配でしたが、天気が回復してきて、なんとか今日持ってこられたのです」との説明がありました。子どもたちから「おいしい時のみきわめはなんですか?」の質問。「そろそろかな? 実ってきたら、食べてみます」の話を聞き、「やっぱりそうなんだ」とドッと笑いが出ました。

鈴木さんから、「えだ豆には根の部分には根粒菌が付いています。豆の根にある丸いツブツブです。これが豆をおいしくしてくれるのです」。手にした一本の枝豆を見て、「へぇー、根粒菌のツブツブが四個あったよ」「一〇個あったよ」などと、会話が弾みました。子どもたちは枝豆をまるごと捉えることができたようです。

二時間目の授業が終わるころ、ぴんとしていた葉がシワシワになってきました。まだ描き上げていない児童は、「もう、こんなになってきてしまったね」と、驚いていました。

2　多岐にわたる取り組み――土曜の授業に生かして

杉並区では土曜日の授業を月一回実施するようになりました。地域との連携を生かした授業の取り組みが勧められています。そこで、教務と話し合い、年間指導計画に食育授業を入れてもらうことにしました。二〇一四年九月には鈴木さんに講演を依頼しました。内容は「野菜の話」です。司会は教務主任、パワーポイント操作は栄養士が担当しました。

約七三〇人の児童・教職員の前で、鈴木さんに農業の体験談を話してもらいます。給食に届けた野菜の種類や分量のことなども紹介。「農薬は可能な限り使わない、安全な野菜作りを心がけています、また、七月の給食に届けたとうもろこしは、とても心配でした。なぜかというと、とうもろこしは皮をむいてみなければ、中の状態がわからないからです。かといって、全部むいたのでは商品になりません。教室に行き、中は大丈夫でしたよ、と聞き、ホッとしました」などのお話を聞くことができました。また、「鳥や虫などがたくさん来るので、野菜がちゃんと育つまで、ネットを張ったり、草取りをしたり大変ですが、みなさんに、たくさん食べて貰えるとうれしいです」と言っておられました。

質問も続出し、四五分はあっという間に終わっていました。子どもたちの給食と密接につながっていた野菜のお話は興味津々でした。

都市農業の重要性

とうもろこし、枝豆を例にとりましたが、都市農業が少なくなっている現在、生産者の生の声を聞くことで、人の心に伝わるものがあり、児童の育成にはとても重要と感じさせられました。食料自給率三九パーセントの日本。TPPが進められたら、食料自給率一三パーセント（日本の食料を考える・全農のホームページより）になると試算されています。

「食」は、人が生きていくための重要な産物であり営みです。今こそ、食の大切さがわかる子どもを育てることが、重要なのではないかと考えます。

第2節　体験活動が生きる力を育む
――料理・調理が楽しいという子どもに

寺澤直恵

「一三区の小学校では、校内に野菜を栽培する畑がないところもあるんだよ」

「えっ、本当？」

校内でトマトや蕪《かぶ》、大根を栽培し、収穫して自分たちの手で調理し、食べることが普通のことなのだと子どもたちは考えていたようです。私の勤務する学校では、一年生はさつま芋を栽培して秋にはスイートポテトをつくります。二年生は「りりこ」というトマトを栽培して、収穫したトマトで、ピザやスパゲッティ、トマトソース、トマトジュースを作って、「りりこパーティー」を開きます。八年近く前から代々受け継がれている取り組みです。

二年生になるとトマトを栽培して調理をすることを子どもたちは兄弟関係から知っており、楽しみにしています。一年生の時から、家庭科室を使用し、包丁をつかって調理をしていると、四年生から始まるクラブ活動で「料理クラブ」に入った四年生は細かく説明をしなくても、調理をすることができるようになります。

勤務先の学校は、多摩地域の東部にあり、小学校の周囲にはたくさんの畑があり、畑で働いている人や栽培されている作物を日々、目にすることができます。栽培されている野菜が給食の食材に使われることもしばしばで、「みんなと同じ東久留米市生まれの野菜だね」と話をすると、意欲的に食べるようになり、野菜の残菜率が減ります。

1　収穫と調理を子どもたちで

私の学校の特色の一つは「食育」です。特に野菜の栽培活動が盛んで、学年に応じて様々な野菜を栽培し、収穫し、自分たちで調理して食べます。収穫した野菜が給食の食材にもなります。

この活動ができるのも、学区内で栽培活動している滝山農業塾の塾生のみなさんのおかげです。滝山農業塾は体験型農業の塾です。大きな畑で野菜を栽培してみたいという方が集まっています。まったく農業の経験がない人でも、教えてもらいながら野菜栽培ができる塾なのです。塾長や塾生の方々には、学校の菜園の土づくりから、種まき・栽培の指導に協力いただいています。うちの学校の栽培活動は、滝山農業塾なくしては語れません。

校内には畳八畳分くらいの畑が五面あります。はじめは花壇でしたが、畑にするために土をおこし、耕すことから始めたそうです。そうして立派にできた畑は現在、一年生はいんげん・さつま芋・蕪を季節に合わせて栽培・収穫しています。さつま芋は収穫後、茎は干してクリスマスリースを作り、スイートポテトを作ります。「スイートポテト作り」は保護者の方にお手伝いをお願いします。

A君は重度のアレルギーがあり、保護者と相談して、お母さんと一緒に調理してもらうことになりました。普段はあまり表情のない児童ですが、この時は本当に楽しそうでした。お世話になっている農業塾の方も招待して、一緒に熱々のスイートポテトをみんなで美味しくいただきました。

二年生は一番多くの野菜栽培をします。一年生の終わりにじゃが芋の種イモを植え、六月に収穫、その間にトマトの苗を植えたり、各自の植木鉢に、おくら・なす・ピーマンの三種類の苗のうち、一種類を選んで植えます。夏休み前には少しずつ収穫できるようになり、家に持って帰っては、お母さんと一緒に調理して食べています。一年生の最後に植えたじゃが芋は六月頃収穫します。毎年、五〇キロ以上になります。

収穫の時、「あーっ、土の中からなすが出てきた」と、じゃが芋掘りをしていた子どもが驚きの声をあげました。なすそっくりのじゃが芋が出てきたからです。実はじゃが芋にもいろいろな種類があることを子どもたちに教えたいと、子どもたちに内緒で、「シャドークイン」という紫色のじゃが芋を農業塾の方が植えておいてくれたのです。いつもは、家に持って帰って調理をお願いしますが、この時は給食でフライドポテトを作り、「二年生が収穫したじゃがいもです」と昼の放送で知らせ、全校でいただきました。大好評でした。

トマトは夏休みに入る前から、どんどん収穫できるようになります。収穫はプールに来た児童がします。トマトはたくさん収穫でき、学校中の冷凍庫に保管され、九月の調理実習まで冷凍保存されます。二学期はじめ、収穫したトマトは、二年生の児童たちの手で、トマトソースやジュース、サラダに調理されます。

スパゲッティ・トマトソースとトマトサラダづくりは家庭科室で、トマトジュース作りはランチルームでと、二年生三クラスの児童が実習します。大変なのは、冷凍してカチカチのトマトをすりおろす児童でした。手が冷たくなり、交代ですりおろすのも大変な作業です。お手伝いのお母さんたちに励まされながら、冷たいのを我慢して一生懸命ジュースを作っていました。

お世話になっている農業塾の方や先生方をご招待して、「トマト尽くし」の料理をいただきます。普段なら「野菜」を見ただけで、はしをとろうともしない野菜嫌いの児童も完食です。

「たくあん、おいしいよ」

三年生は「大根を育てよう」という単元で大根栽培をします。農業塾の畑の一部をお借りし

大根の種をまく（3年生）

て、青首大根と練馬大根の種を蒔《ま》き、校内の菜園にも七種類の大根の種を蒔きます。

青首大根は収穫後、家に持って帰りおうちの方と一緒に調理し、練馬大根は学校でたくあん漬けにします。「たくあん漬け」は今では作る家庭はほとんどなく、「真っ黄色なものを店で買う」と思っている児童がほとんどです。常々、学校だからできる食育を、学校にいるうちにたくさんの体験をさせたいと考えていることから、収穫した大根で、「たくあん漬け」をつくることにしました。

「たくあん漬けづくり」を後押ししてくれる出会いもありました。江戸東京野菜を勉強する中で、「たくあん漬け」のエキスパートの先生と出会ったことです。専門は高等学校の食品加工学の先生で、先生が漬けたたくあんは京都の有名な漬物店が買いに来るというたくあん漬けの名人です。ご指導をお願いしたところ、快く引き受けてくださいました。農業塾の畑の大根も学校の菜園の大根も順調に育ち、子どもたちは大根の観察をしながら、「双葉はみんな同じなのに、大きくなっていくにしたがって葉っぱがそれぞれ変わっていく」ことを学びました。

いよいよ収穫の日、たくさんの保護者の方がお手伝いにきてくださり、「大根抜き大会」がはじまりました。青首大根は簡単に抜け、子どもたちも収穫の喜びに浸っていました。次は練馬大根です。大根という同じ野菜でありながら、どんなに子どもたちが頑張ってもなかなか抜けません。お父さんやお母さんたちに手伝ってもらいながら、顔を真っ赤にして、子どもたちは頑張りました。学校に戻って大根を洗い、葉っぱを紐で縛って「はざがけ」(稲架がけ)にして干す作業も慎重です。「たくあんになるんでしょう」「早く漬けたいな」と「たくあん漬け作り」に意欲満々です。大根干しに使った竹竿は、学校の築山にあった竹を用務主事さんに切ってもらって作った手作りの「竿」です。

二週間たち、「たくあん漬け」を作る日になりました。三角巾にエプロン姿の子どもたちは嬉しそうに家庭科室へ向かいます。この日も保護者の方の応援がありました。子どもたちが、先生からたくあんについて話を聞いている間に、たくあんの全体量から塩やザラメの量を割り出して計る作業を手伝っていただきます。ほとんどの保護者の方が「たくあん漬け作り」は初めてです。

大きな漬物樽に干し大根がきれいに並べられ、子どもたちがこの日のためにためていた干した果物の皮を入れ、糠《ぬか》とザラメ（粗目の砂糖）を加えてたくあん漬けは無事終了しました。一か月後、出来上がったたくあんを、子どもたちは一本ずつ家に持って帰りました。

《家庭からの感想》

・種蒔きの時にしか参加できませんでしたが、子どもが家でとても楽しそうに話してくれていたので、出来上がりを楽しみにしていました。食べてみたらとても良く漬かっていておいしかったです。

・昔ながらのなつかしい味で、子どもの頃を思いだしました。家でも手作りできるものは、少しずつやらせて「食べる」ことに興味をもたせたいです。

・普段、食卓に並んでいても手を出そうとしませんが、自分で作ったもの、娘が作ったものを家族全員で楽しく食べました。

・普段は夕飯の手伝いなどしない子が、「自分で切る」と言ってたくあんを切り、夕飯の手伝いをしてくれました。

2　お米を食べよう

一年生は、「こめたろうのへんしん」という学習が終わった後、給食の時間にラップをつかって、「マイ・おにぎり」を作りました。忘れ物が多い学年ですが、この日のラップ忘れはゼロ。快挙です。

大人たちの心配をよそに、子どもたちは楽々とラップをピッと切り、お茶碗のご飯を上手にあけ、手つきも鮮やかにラップお握りを作ってぱっくん。その日が金曜日で、月曜日、担任が「ちょっと見て」と見せてくれた連絡帳には、「休みの間、食事のたびに息子がおにぎりをつくりたがり、おにぎりばかり食べていましたトホホ……」。給食時のおにぎりづくりがよほど楽しかったのでしょう。二日間の休みの間におにぎり作りをした子どもたちは大勢いました。

さらに、一年生のおにぎりブームは続きました。給食の時間におかわりのご飯をラップに載せて渡すと自分たちで握って食べるようになりました。おかげで、ご飯の残菜は一挙に減りました。

五年生の社会科で、給食の残菜から食料自給率を考えさせる授業をした時のことです。「もったいないから食べよう」とか「食べ物は大切にしよう」という言葉ではなかなか子どもたちの心の中に入りません。そこで、残菜量を金額に換算した数字を教えました。「こんなにお金を無駄に捨てているんだね。自給率を上げるためにみんなができることは食べることだよ」と話をしたところ、大いに納得したのでしょう。翌日の給食から五年生のご飯の残菜はゼロになりました。

3　人は土がなくては生きていけない

種蒔きから収穫、調理にいたるまで、子どもたちは、多くの方々に助けていただきながら、体験活動を積んでいます。今にも手を切りそうな危なっかしい包丁使いをしていた子が、体験を積むことで、見違えるように上手になります。野菜嫌いの子が、自分で栽培して調理をすると、「これは美味しい」といって完食します。体験を通して学んでいくことの大切さ、体験することとそのものの必要性を本当に感じます。

ある方から「『生』という漢字は人と土からできている。人は土なくしては生きてはいけない」と教えていただきました。土に親しみ、作物を育てていくことの大切さを教えていただいた気がします。

しかし、今、子どもたちは自分たちが、体験していることを学校で「やらされている」「勉強だからやっている」くらいにしかとらえてないのかもしれません。一時的に残菜が減ったり、トマト嫌いの子が、その時はがんばって食べても、それがずっと続くかどうかはわかりません。今は子どもたちの中に「食体験」の種をまいているだけだといつも思います。この種が芽を出し、花が咲いて実を結ぶのは、ずっと先のことでしょう。もしかすると、実がならないままかもしれません。でも体験をしたのとしないのとでは違うと思うのです。子どもたちの記憶の片隅にはきっと楽しかった思い出とともに頑張って嫌いなトマトを食べた記憶が残っていくと思います。

いつか、体験という土から立派な花が咲き、大きな実がなることを祈って。

第3節　地域で子どもを支える食育のために
——親たちの学校支援活動

今井英紗子

1　「こんなに捨てているの？」

「こんなに捨てているの？」　大きなポリバケツの中身は給食の残菜で、計量後すべて捨てられます。二〇〇七年、小学校のPTA会長を務めていた私は、給食試食会の前日に、学校栄養士から残菜が多いことを聞かされ、給食室を見学させてもらったのです。

六学年で二四クラス分の給食が作られますが、その日はなんと、五クラス分の給食に相当する残菜がポリバケツいっぱいに入っていました。衝撃と同時に悲しみで、私は涙がこみ上げてきました。給食室では虫が混入しないよう窓を閉め切って高温の中で調理しており、こんなに手のかかった給食が、ゴミとなり捨てられるのは耐え難いことです。

私は試食会に参加した八六名の保護者にこの現状を訴えました。「家庭での献立は子どもの好きなものに偏りがちで、私も反省しておりますが、バランスよく苦手なものも食べる努力は大事だと思います。食べ物の命を粗末にするのは、人の命も大事にできないことに通じるのではないかと心配です。残さずいただくよう子どもたちに声掛けし、保護者にもご協力いただいて、一緒に残菜ゼロを目指したい」とお願いしました。その後、完食したクラスには栄養士から「完食表彰状」を渡していただけるようになり、徐々に残菜は減ったと聞かされました。これは私が食育に関心をもつ原点となった出来事です。

なぜ残すのでしょうか。教室の子どもたちに聞くと、「煮物だから嫌い」「こんにゃくは焼いた方が好き」「なんとなく」という返事が返ってきました。「おいしいよ」と声を掛ければ食べる児童もいたので、雰囲気作りも大切だと感じました。

もう大学生になる娘に聞き取りしてみると、「給食は残したことあるが、家では残せない」と言います。わが家では普段から、「『いただきます』は、食べ物が命を捧げて人間の栄養となることに感謝する言葉だから、命ある食べ物を捨ててはいけない」と教えており、私が捨てないので、食べ残すことも家のゴミ箱に捨てることも抵抗があるようです。

娘が通った高校は、カフェテリアで給食を食べますが、残さず食べるという意識のある子は残さないそうです。しかし、そういう子でも友達が残すのを毎日みていると、やがて三年目には嫌いな物は残すようになったと言います。また、残菜用のポリバケツが見えるところに用意してあり、娘にとってそれは、残してもいいというサインになるようです。

子どもたちには、残すということがどういうことかを、まずは知ってほしいと思います。残す要因は様々ですが、我々は、残すことに抵抗がない環境を見過ごしてはいけないでしょう。

2 「緑のカーテンを作ろう」

私は二〇〇八年より、娘たちが卒業した杉並区立浜田山小学校で「学校・地域コーディネーター」として、学校支援本部(注1)の活動に携わっています。杉並区では区内全部の小・中学校に学校支援本部が設置されており、コーディネーターは杉並区から委託されて、学校を支援しています。支援内容は、各学校の要望により様々ですが、授業支援や、環境整備、校内イベントの企画などを行っています。先生方がより教育活動に集中できるよう、講師やお手伝いされる保護者の配置・授業準備などを請負ったり、校長先生の要望により、コーディネーターとして新しい企画を提案したりし、活動しています。

私が担当している授業支援で、五年生対象の「緑のカーテンを作ろう」の取り組みを紹介したいと思います。二〇〇九年に、地元のラジオ番組が配っていたゴーヤの種をもらって、学校支援本部が有志を募り、校庭の花壇で、緑のカーテンを育てたのが始まりでした。その後、五年生の理科で学ぶ内容に合致しているため、二〇一〇年から「総合的な学習の時間」として、その生育のプログラムが授業に導入されました。

子どもたちは四月に土作り、五月に種まき、六月に定植、夏休みは交代で水やりをし、お世話をしたゴーヤを九月に調理します。メニューは、ゴーヤジュース、ゴーヤチャンプル、ゴーヤチヂミ、ゴーヤつけ麺です。

・ジュースは、ゴーヤ・冷凍したスライスバナナ・リンゴジュースをミキサーにかけます

・チャンプルはベーコンを香ばしく焼いて、ゴーヤ・にんにく・豆腐・ニンジンを加えて炒め、卵とじにして、苦味と相性のいい鰹節をかけます

・チヂミは、ジャガイモをすり、そこにゴーヤ・ニンジン・ベーコンを加えて出来た生地を焼き、ポン酢味のたれを作ってかけます

・つけ麺は、ゴーヤをジューサーにかけ、その汁と実を中力粉に練りこんで生地を作り、しばらく寝かせてから伸ばし、それを屏風折りに畳んでからうどんの太さに切り、茹でます

苦味のあるゴーヤを果たして食べられるのか最初は気がかりでしたが、毎年子どもたちは「あーおいしかった！」と完食します。自分たちで育てたゴーヤの味は格別なのでしょう。

子どもたちは、ゴーヤの生育のポイントを、次のようにかなり専門的に学びます。

・ゴーヤに栄養がいくように、花壇の雑草は根っこから採る

①ゴーヤジュースで乾杯！

・土をゴーヤが好むアルカリ性にするために苦土石灰（注2）を入れる
・ゴーヤの種は芽が出やすいように先端を切る。
・元気な苗を残して間引きする
・化成肥料は根元を避けて与える
・つるが伸びるよう摘心・誘引をする
・夏休みは土が乾くので、水はホースで朝夕たっぷりやる
・実が生るためにはリン酸入り肥料を使う
・実が膨らんできたら破裂する前に収穫する
などです。

子どもたちは自分の目で確かめ、触れて、主体的に行動するようになります。そして、調理したゴーヤ料理を試食する頃には、すっかり生産者の顔になり、収穫に成功した誇らしさと感謝と喜びに満ちています（写真①）。

家庭で食卓に上る食材のほとんどは、生産者が見えず、生産の過程や実が生っている様子を知らないものばかりです。ゴーヤを苗からではなく種から育て、収穫しておいしくいただき、最後は根を抜き、つるをネットから外して片付けるまで、「ゴーヤの一生」を最初から最後までお世話するので、子どもたちは、「ゴーヤのことなら任せて！」と言える自信がついているようです。そして、お世話をしたからこそ愛おしくなり、ありがたみがわかり、残さずにその命をいただくので、ゴーヤの生育から学ぶ環境学習の中で「食育」を取り入れる意義は大きいと思います。

3　地域との関わりの中で

ゴーヤ入り麺は、地元の製麺屋の社長さんにご指導していただきました。最初の二年間、おつきあいいただき、ゴーヤの配合をいろいろ変えて試行錯誤したおかげで、おいしく発色のいいゴーヤ麺にたどり着くことができました。

学校の予算には、授業にゲストティーチャーを招いた場合に渡す「ボランティア謝礼」の予算があるので、学校支援本部が窓口となって、主に近隣の方に依頼して、授業の支援をしていただいています。ほかにも、初回授業「花壇の土作り」では、給食の野菜を納入してくださる地元の農家の方にご指導いただいています。そして五回目の授業「緑のカーテンの効果を知る温度調べ」では、近隣の住宅メーカーのご協力で実習と実験、講義もしていただいています。地域の方々の支援のおかげで、大人が聞いても勉強になる内容で、充実した取り組みになっています。

一二月には、環境やエコをテーマに開催される日本最大級の環境博「エコプロダクツ」で、子どもたちはこの学習成果を発表します。多くの企業やNPO・商工会議所が出展しますが、大学・教育機関のコーナーがあり、そこのブースを借りて、数少ない小学校として出展しています。二〇一四年度の五年生は一一五人。ゴーヤのカーテンの温度効果や、生ごみの水を切るために新聞広告で作った生ゴミ入れを使って、エコ調理をしたことなど、自作の紙芝居を見せて、来場者に発表しました。ゴーヤのキャラクターが紙芝居に登場したり、指棒の先にゴーヤ君の絵がついていたり、クイズを入れたり、発想豊かな子どもたちの発表は、毎年、アイディア満載で楽しめます。教育関係者、サラリーマン、学生、卒業生などが浜田山小学校のブースに足を止めてくれますが、中年のサラリーマンで卒業生でもある方から、「この取り組みは将来きっと役に立つでしょう」と評価されました。

「エコプロダクツ」出展のほかにも、JR内のテレビ画面・地域番組での放映や、杉並区の広報誌などでこの活動を紹介し、学校支援本部が、外への発信を積極的にしてきました。地域の方には、子どもたちが種を植えたゴーヤの苗を、公開授業の日や運動会の日に、ゴーヤの「育て方」と「レシピ」をつけて、お分けしました。

地域と積極的に関わり、教育の充実に貢献することは、学校支援本部の役割の一つですが、対外的にも取り組んでいる食育を宣伝できたと思います。

4 「親子料理教室」

もう一つ、学校支援本部主催のイベントとして実施している「親子料理教室」を紹介します。申込者が多く抽選となるほど人気があり、父親と参加する児童、給食をあまり食べない児童と参加する母親もいます。

メニューは給食に出るメニューから選びます。和食がユネスコ無形文化遺産に登録され、伝承の契機である今、私たちは子どもたちに日本の味を伝えたいと思いました。学校栄養士とスタッフで決めた二〇一四年のメニューは、鰺の塩焼き、茶わん蒸し、ホウレン草のおかか和え、きびご飯、豆腐のすまし汁、お汁粉でした。普段はなかなか出来ない鰹節削り器の体験、銀杏剥き、だし汁作り、魚をさばく体験など盛りだくさんの内容です。

鰹節削り器は一つ用意し、子どもたちに交代で体験させせました。早朝に届いた、新鮮で大ぶ

②「親子料理教室」で。お父さんたちもおいしくいただきました

りな鯵は、開いた牛乳パックの上でさばきました。どちらも小学生には少し難しいかな、怪我しないかなと心配しましたが、上手に出来ていました。夢中になって作り、やっと完成した料理を食べる時、やはり子どもたちの表情は明るく達成感に満ちていました。給食を残してばかりいる児童と参加した母親が、「娘がいつもより多く食べました！」と喜びを発表してくれました。また、「子どもたちはこんなにおいしい給食を食べていたんですね」というお父さんの感想もありました。

そして、前日準備の家庭科室の掃除や、器具の洗浄・食材の分配を手伝ってくれた保護者は、学校栄養士と学校支援本部が見えないところで企画・準備をしているおかげで実施できたことを子どもたちに伝えてくださいました。他校ではあまりないことのようですが、栄養士の方が、食材の手配、レシピの作成をして下さり、当日は休日にもかかわらず、ボランティアで協力してくださいます。学校支援本部は、参加者・お手伝いの募集、抽選、集金をし、各テーブルの食材・器具リスト、料理の段取りメモなどを用意しました。事前準備から片づけまで、手間ひまかかりますが、学校栄養士・保護者・学校支援本部で、役割を分担し実施しています。

学校で開催し、食材は給食業者から仕入れるため、安心で鮮度がよく、参加費も安く、しかも親子で先生や友達とも交流できる楽しい企画になっています（写真②）。二〇一四年の参加希望者は一〇二人、二〇一三年より三四人増えていました。一回三〇人で、実施を二回に増やしましたが、また抽選になってしまったことが残念です。児童と保護者が「バランスのとれた手作りの食事」に関心をもち、「自分でもできる」という自信をもつ、良い機会なので、毎年続けていきたいと思います。

5　T先生の食育

二〇〇七年の、当時はまだPTA主催だった「親子料理教室」に、娘が参加したことを覚えているのか聞いてみると、メニューは、シシカバブーと、デザートは黄桃で作る「びっくり目玉焼き」だったと、鮮明に記憶していました。娘にとっても、やはり楽しい思い出として脳裏に焼き付いていたのです。ただ普段の給食については、「高学年の頃は受験に追われていたので、何を食べたのか思い出せない」といいます。唯一覚えていたことは、六年の担任で食育に熱心だったT先生との給食です。

T先生は、農家のお生まれで、銀行マンをやめて教員になられ、校長になれるのにならず、授業が面白い個性的な先生でした。給食の時間は、前の方に「T家の食卓」と名付けられた場所があり、毎週交代で子どもたちはそこに座り、先生と会話をしながら食べました。教室に、T先生ご持参のオーブントースターと調味料がおいてあり、トースターでパンを温めたりしてくださいました。また、校庭の梅でジャムを作ったり、教室の窓辺に柿を紐でつるし、干し柿を作ったりして食べさせてくださいました。ビオトープ（注3）での野菜作りにも熱心で、娘はビオトープ委員になって野菜を分けてもらえるのが楽しみだったようです。

どれも都会の子どもたちには貴重な体験です。当時はまだ校内に学校支援本部もなく、栄養士による完食を奨励するための「完食表彰」もなかったので、お一人で食育の実践に奮闘しておられたと推察します。こうした先生は珍しく、有難い存在でした。

食に関する特別な体験は心に残ります。食事はお腹を満たすのみではいけません。「食事の楽しい思い出」を作れない環境を、我々は見過ごしてはいけないのでしょう。

6 「匂い」の体験

学校支援本部の活動を通して、目で見て、触れて、楽しく味わう、実体験を提供することが肝要だと思いました。また直感的に感じたことは、「匂い」の体験も大事ではないかということです。

着目したいのは、調味料と食材が混じった匂いではなく、素材本来の匂いです。花壇で収穫したゴーヤの匂い、水にもどしている椎茸の匂い、小豆を煮ている匂い、鰹節を削る時の匂い、どれも記憶に残ります。匂いは視覚的な記憶に比べて忘れにくいといいます。また、九〇歳になる知り合いから聞いたのですが、歳をとると食べ物の匂いがわからなくなり食べても味気ないと言います。匂いと味の関係を調べてみると、人間は鼻から入る匂いを口に感じ、ほとんどの場合、喉から鼻に入る口中香を「味」と錯覚しているそうです。(注4)

さらに調べてみると、「幼少期、思春期に本来食べ物がもつ味や香りの多様性に触れると、五感の中でも特に味覚と嗅覚の適切な成長が育まれる」といいます。また、脱臭や消臭が盛んに行われると、食生活におけるちょっとした変わった匂いに敏感になり、適切な嗅覚の理解をしていない人たちが増えて、食文化を発展させる大きな原動力になる嗅覚の力が衰えてしまうようです。ある匂いを感じないという「嗅盲」が、遺伝子を本来と違う形態にしてしまい、その結果、好き嫌いや快・不快といった感じ方の違いを生み出すこともあることがわかってきている、というのには驚かされました。（注5）

好き嫌いのない健全な子どもの成長には、食育による多様な匂いの体験は不可欠であると確信できました。子どもたちには、より多くの体験を通して五感で感性を磨いて、逞《たくま》しく成長してほしいと願っています。

7　苦手克服の喜び

二〇一四年のゴーヤの調理実習の際に、ある男の子が「ゴーヤは苦いから嫌い」と言いながらゴーヤを切っていましたが、いざ料理ができあがると、いつの間にか完食しており、そんな自分に驚いている様子でした。「苦手だったはずでは？　子どもっておもしろい！」と思いながら、その様子を見て嬉しくなりました。

「嫌いな食材でも食べられた」という体験は、後々まで覚えているのではないでしょうか？

私も椎茸が食べられるようになってから、食わず嫌いが直ったように記憶しています。きっかけがあれば、苦手なものが食べられるようになるので、そういう貴重な体験は大事にしたいものです。

学校支援本部の活動を通して、栽培や調理に関わってきた私ですが、実はいずれも得意分野ではありませんでした。緑のカーテンに初めて関わった時も、何の知識もありませんでした。ゴーヤの種を蒔く見本用のポットにビオトープの土を入れる時、私が土の塊を完全につぶしてサラサラにしたら、「大きい塊だけつぶせばいいよ。通気性がないと。子育てと一緒。丁寧すぎるのでは？（笑）ポイントを押さえればいいんだよ」と支援してくださった地域の方に言われました。子育てにも通じる土いじりを、もっと実践しながら学んでみたいと思いました。

また、料理は、なるべく時間がかからない決まったメニューばかり作っていました。ところが、ゴーヤや親子料理教室の調理実習に関わったおかげで、今まで使ったことのない旬の食材を買ってみたくなり、少し手間をかけても新しいメニューに挑戦するようになりました。支援をしながら私自身も学び、敬遠していたことに挑戦する意欲が湧き、出来ることが増えて、自分が変わっていくことが喜びとなりました。

新しい扉を開き、苦手意識のない新しい自分に出会える体験が、子どもたちのみではなく、大人にも必要だと思います。子どもたちやお手伝いの保護者が、地域の支援者や学校支援本部と関わりをもつことで、そのきっかけを作れたらいいと思っています。

8　地域連携の効果

現代における「孤食」の増加は、子どもの偏食を招き、精神面や社会性の発達にも悪影響を及ぼすといわれています。（注6）せめて学校の授業や給食、イベントで、健康的な日本の食文化や食材に関心をもってもらい、食べ物を残せない環境、人の温かさを感じながら食事を楽しむ環境を作ることが急務であると思います。

しかし、小・中・高とも、学校における調理実習の時間数は減少しています。原因は、他の教科に時間を取られるばかりではなく、理科の実験同様、準備をする余裕が先生方にないからだと考えられます。「食育の体験学習」は、企画から準備に時間と労力がかかるため、教員や栄養士のみで実施するには負担が大きいと思います。

地域には、講師やお手伝い可能な人材が埋もれています。浜田山小学校では、親子料理教室に、元保護者の米粉料理研究家に来ていただいたこともあります。学校支援本部が、募集するお手伝いに地域や保護者を巻き込むことで、負担を軽減でき、継続して実施できるようになりました。

地域の人材を活かし、もっと学校で、食育の場を提供できれば、「いい環境の学校と地域」

を築くことができるのではないでしょうか。

子どもたちのより良い未来を築くために、生活に直結する食育が注目される時代になってい
ると思います。「食育」といっても、マニュアルはありません。巷《ちまた》の「手間いらずで、簡単」
の宣伝文句に惑わされずに、食育のどんな取り組み方がいいのか、皆で考える必要があります。
学校支援本部では、協力者を増やしながらより多くの意見を聞き、情熱をもって継続する過程
で、「現代に求められる食育」を、これからも模索していきます。

＊

学校によっては、食育の支援がやりにくい場合も考えられます。一ついえることは、学校の
先生方は、支援されることに慣れていらっしゃいません。学校支援本部は当初、先生方にとっ
て、別になくてもいい受け入れ難い存在でした。それでも、我々は「おばさんパワー」全開で
怯《ひる》むことなく、先生方に寄り添うことを常に心掛けました。最近ようやく学校支援本部は、校
長先生をはじめ先生方の信頼を得られるようになり、保護者の認知度も高まってきました。
また、学校での食育が実施できたなら、実施した取り組みは、書面で、さらにはメディアな
どを通して、公の場で発表することが有効です。参加していない児童、保護者、先生方、そし
て地域の方を含め、より多くの人へ周知することで関心をもっていただけます。
私は、浜田山小学校の学校支援本部長はじめメンバーの、フットワークのよさ、子育ての経

験で培った対応能力、役に立ちたいというボランティア精神を誇りに思います。そんなメンバーと共にワクワクしながら、チャレンジすることを楽しんでいます。楽しく活動していると人が寄ってきます。これからも、子どもたちのために、挑戦と成長、信頼と笑顔のいい循環を広げていきたいと思います。

（注1）文部科学省は、二〇〇八年から「学校支援地域本部」事業を全国的にスタートさせている。地域・保護者の力を組織化し、学校を支えることを通して地域の教育力を再構築するとともに、教員の負担軽減をめざす施策。「地域コーディネーター」として、地域から適切な人材を確保し、教育活動の充実に繋げている。杉並区は特に力を入れて、予算化し、区内全校六二の「学校支援本部」の設置が完了しており、「学校・地域コーディネーター」の認定のための研修も行っている。その学校の元保護者で、PTA会長や役員を経験した人が、子どもの卒業後、「学校・地域コーディネーター」となり、学校と地域・保護者のパイプ役として「学校支援本部」を運営しているケースが多い。浜田山小学校支援本部は、二〇〇八年に立ち上がり、三名の「学校・地域コーディネーター」と、他一〇人程度のスタッフで、現在は年間二六項目の事業を実施している（文部科学省と杉並区では「　」内の呼び名が若干違っている）。

（注2）アルカリ分が多くマグネシウムを含む石灰質肥料。土の酸度調整に効果がある。

（注3）学校の敷地内に、地域在来の昆虫などの生物の小生活圏として、森林・池・畑を設

けている。環境教育の教材として活用することが主たる目的。浜田山小学校は、委員会活動の一つに、ビオトープ委員会があり、畑や池の手入れをしている。

（注4）D.M.Small et al.:Neuron,47,593（2005）The illusion that retronasally perceived orders are localized to the mouth is so powerful that people routinely mistake retronasal olfaction for "taste". 東原和成（東京大学大学院新領域創成科学研究科教授）「香りとおいしさ：食品科学のなかの嗅覚研究」『化学と生物』Vol.45.No.8（二〇〇七）の文中より。

（注5）（注4）の東原和成氏の文献より抜粋。

（注6）「健康＋生活」ＷＥＢマガジン health-to-you.jp

終章　給食・食教育で子どもが変わるとき

――食は感性・知性・理性の発達を触発する

新村洋史

子どもの自己形成（人格形成）に不可欠な「食」の体験

本書が示すように、多くの学校で、子ども自らが自己形成をはかるために多様な食の体験的活動が取り組まれています。この「体験」こそ、（A）「食における自己形成」（食文化の享受）と、（B）「食による自己形成」（感性、知性、理性の発達）とをうながす給食・食教育の特質です。

本書に書かれた体験的な食教育活動は以下のようでした。①野菜の種まき・苗づくりから、収穫、調理、共食までの「食体験活動」、②ゴーヤチャンプル、たくあん漬け、ポップコーンなどの「調理活動」、③「献立づくり」（中学生）、④「食材作りの手伝い」（枝豆、トウモロコシの皮むき）、⑤「地産地消の給食」、⑥「生産者による授業」、⑦「学校と地域・父母・子ども参加の食育活動」、⑧魚屋さんが魚を切り身にするなど「作業の観察」、⑨「生徒たちによる調査と発表・討論の学習」、⑩子ども・生徒たちの「給食委員会や保健委員会の自主・共同活動」、⑪「語彙《ごい》で深める味覚の授業」など。

さらに、⑫給食を作っている「栄養職員・調理員と共食すること」、⑬これらの職員が「献立や調理にこめた想いを話し伝えること、〝給食だより〟の発行など」、⑭担任や教職員の子ども時代の「食の思い出」を話すことなども、子どもが自己形成とかかわって食の認識や価値観をつくっていく体験学習です。

感覚・感性をゆたかにする体験が、人間・人格を育てる

「子どもが変わる」とは、子どもが人間として成長・発達するということです。いいかえれば、人間としての「生き方」を学び「生きる力」を身につけることです。

冒頭（第一章一節）で紹介した文部科学省の『食に関する指導の手引』（二〇〇七年）は、食教育の「目標」を六つあげ、子どもの自立する姿を示しました。

①「食の重要性、喜び、楽しさを理解する」

②「食と心身の健康を理解する」

③「食品の選択能力を身につける」

④「食物の生産者への感謝の心を育む」

⑤「食事のマナーや食事をとおした人間関係形成能力を身につける」

⑥「各地域の産物、食文化・食の歴史について理解する」

右記の目標の内、③や⑥は多くの知識を必要としますが、真の「理解」に達するには、①、②の食の体験（味覚や五感の発達）による納得（食べてみて地域特産の味や意味がわかる）が必要でしょう。単なる知識（の暗記）で終わったら食教育の本来の役割から逸れてしまいます。

したがって、この六つの目標は、基本的に体験活動なくしては実現不可能です。①は、食を味わう力（味覚や五感、感性や想像力など）を給食・食の指導をとおして発達させることで、①の「食の喜び・楽しさ、そして重要性」が「実感」され「理解」されるのです。②も、自分自身の心身・「感覚や情動（Emotion）」をとおして感受されます。④は、①から発展して生まれ、自覚されます。⑤は給食活動の体験をとおして子どもたち自らが身につけていきますし、担任教師は給食活動で共同できる集団づくりの行動や体験を指導します。

子どもが変わる（発達する）給食・食教育に不可欠な条件

給食や食教育で「子どもが変わった」と思える姿は、本書の中に豊富に描かれています。例えば次のようにです。①はしの持ち方に挑戦し、それを「自己課題」とするようになった子どもたち、②骨を丈夫にし、便秘を解消したくて自ら進んで「集団学習」をし、よく噛むことが必要な「献立づくりを学び調理して試す」ことに集中する中学生、③作物の命を守るために真夏の炎天下でも丁寧に雑草を抜き取り、ゴーヤチャンプルをつくることで「自信と歓び」をもてた小学生、④農家の人から枝豆の命と成長の話を聴き、「夢中で枝豆を描いた」小学生たち、⑤和食の給食がおいしい、また食べたいと「栄養職員に注文をだす」保育園児たち、⑥親子で漬物づくりや「調理に参加する」子どもたち、⑦給食の味わい（五感）を自分の感覚で表現しあう「語彙の学習」に夢中になって栄養職員の話にのってくる小学生などなど。「人間に本来具わっている五感の能力低下は限界まで来ている」との指摘もあります。しかし、人間本来の食への興味・関心、給食を味得するなど五感の発達は、現代の子どもにも、体験活動や給食・食教育によって取り戻すことは、右記のように可能です。

このような食への関心や思い（感覚と感受性、身体感覚や情感）を発信し交流する場を用意することこそが、食教育の原点です。これに不可欠な条件は、次の点です。

（A）給食の食材・食事そのものが安全・安心の良質のものであること、（B）子どもが学ぶに値する給食（食材・献立・調理、正規職員がいる）であること、（C）子どもが味覚・五感の発達を放置されている未発達な段階（嗜好・好き嫌い；誤ったTaste）から、食材・食事の価値や味覚を正しく理解し評価でき楽しめること（Appreciate; アプリシエイト、Enjoy; エンジョイ）ができる段階へと指導することが不可欠です。これら正しい食能力（五感の能力）を子どもが自分の心身と行動・体験をとおして感受し味得し理解できるようにすることです。

「食」で目覚め、結実される「人間的諸能力」

この子どもの食と人格形成の課題を、先の文部科学省の『手引』の「食教育の目標」でいえば、①の「食の重要性、喜び、楽しさ」を子ども自身が、自己の心身と給食の体験をとおし味得することが学びの根幹です。子どもが変わる原点は、優れた給食とその味得の体験を通して感性・感受性をゆたかにすることです。③（食品の選択能力）や⑥（地域の産物、食文化、食の歴史）は、そのような食能力形成の観点から見れば補助的に不可欠なものです。知識もまた味得能力を育てることに不可欠ですが、いくら知識豊富でも食を喜び、自分にとって重要で価値あるものと体と心で感受し実感できなくては、無意味です。

人間の味覚・五感・感性をはぐくむ野菜の栽培・収穫・調理などの協働は、「物事を筋道立てて考える力（「知性」）」、「段取り力」を身につけること（「労働能力」、「生活技能・生活能力」）や「共感・共同する能力」、さらにそれらの活動を通しての「自信・自己肯定感・自己尊厳感」（アイデンティティや価値観）などを獲得し人間人格へと結実させるものとなります。これらの人間的諸能力を触発させる土台が食教育なのです。

以上のように、給食・食教育の活動をとおして、子どもたちは人間として自立する人生の土台を築いていることが明らかです。「給食・食教育で変わる子どもの姿」とは、人間としての感覚・感性をはじめ知性や理性（価値観・人格）を呼び覚ましている姿です。この人間の全面発達にひらかれた食教育に不可欠な条件は、食教育の「生きた教材」である給食を、①子ども本位のものとし、②直営自校方式のもと、給食づくりの労働と知恵を子どもに伝え、③教職員と子どもとが日々、直接的で豊かな人間的交流を保障されることです。

おわりに

この本をまとめる母体となった「東京民研」（東京の民主教育をすすめる教育会議）、およびその一部会である学校給食部会は、教職員、研究者たちで構成された研究団体です。教科や教科外の分科会で組織され「東京の子どもたちをすこやかに、かしこく育てる」を、共通のテーマに研究をすすめています。

私たち学校給食部会は、「子どもたちを食の主人公に」という目標を掲げて、一九九一年以降二五年間、研究活動を重ねてきました。

「食に関する指導」が義務付けられるなか（二〇〇九年四月、改正学校給食法の実施）、「食に関する指導案」や「食に関する授業実践事例集」はたくさん出版されていますが、給食や食育授業など「食との関わり」をとおして、子どもの成長・発達した姿を検証した研究や著書は、ほとんどみることができませんでした。

食における子どもの成長は体験や行動によって習慣化させることなので、「点数が上がったとか、文字が書けるようになった」というようなスキルアップとは見方が異なります。一人ひとりの子どもに注目して、日々の成長を追っていかないと成長し発達する様子は表現しにくいものがあるので、そのような出版物はあまり見かけないのかもしれません。

しかし、私たちは、「食」を中心として、一人ひとりの子ども、あるいは集団として成長した子どもの姿に焦点をあて、日常の活動のなかで子どもが変容していく姿をできるだけ細かに描写することにつとめました。自然とわき出てくる子どもたちの明るい笑顔や、元気になっている姿、目を輝かせて授業に取り組む姿など、子どもたちが「生きていることの実感」を表現した場面を討議しながら原稿を仕上げてきました。

本書は、東京民研・学校給食部会の専門職（栄養教諭・栄養職員）などの部員の他、学級担任や保護者・（元）子どもにも原稿を依頼しました。「食は大人が子どもに残してあげられる最大の財産」といわれます。本書を手に取られた方が、食を通して、子どもたちにたくさんの財産を残してあげることができるための一つの手立てとなれば幸いに思います。そしてまた、豊かで安定した「食」を確保・保障することは、平和で民主的な国家・社会の存続発展と民主的主権者の育成との土台を築くものです。「食」は貧困と格差などを映す社会の鏡であり、また、平和と民主主義を目指す人間的な指標として、今後も探究していきたいと思います。

（星名久美子）

筆者一覧

新村洋史……奥付参照
壽原とみ子…東京都元学校栄養職員・元栄養教諭
渡邉麻季……渋谷区立小中一貫教育校渋谷本町学園栄養教諭（元杉並区立四宮小学校栄養教諭）
嶋村学美……埼玉県さいたま市立中学校養護教諭
本田元樹……中野区立小学校主任教諭
一杉大介……東村山市立秋津小学校主幹教諭
藤澤孝文……元東京都小学校教諭
近藤志津世…杉並区立小学校主幹教諭
星名久美子…学校法人新名学園旭丘高等学校講師（元杉並区立小学校学校栄養職員）
岡崎祥枝……杉並区立桃井第一小学校二〇〇七年度卒業生保護者
岡崎咲弥……杉並区立桃井第一小学校二〇〇七年度卒業生
高宮三枝子…江東区中学校学校栄養職員
宮鍋和子……足立区立梅島小学校栄養教諭
渡辺早季……東京都児童相談センター栄養士
河島利恵子…八王子市立小学校元学校栄養職員
丸山浩………八王子市立小学校元教諭・嘱託教員
井上秀幸……東京都私立保育園栄養士
松本恭子……目黒区立五本木小学校栄養教諭（元墨田区立押上小学校学校栄養職員）
南幸子………杉並区立浜田山小学校元学校栄養職員
寺澤直恵……東久留米市立第九小学校栄養教諭
今井英紗子…杉並区立浜田山小学校支援本部、学校・地域コーディネーター

新村　洋史（しんむら　ひろし）

1943年、静岡県清水市生まれ。2015年3月まで名古屋芸術大学教授（美術学部教養部会）。担当科目は、教育制度論、教育実習Ⅰ、Ⅱ、Ⅲ、教職実践演習。

1969年　早稲田大学大学院法律学研究科修士課程修了（労働法）。

1980年　東京大学大学院教育学研究科博士課程修了（教育行政学）。

大学教育学会誌編集委員（2000年～2006年）、大学教育学会理事・常任理事（2000年～2009年）、東海高等教育研究所所長（1990年～2009年）、教育科学研究会常任委員（1976年～）、日本科学者会議大学問題委員会委員、中京女子大学・至学館大学で現代教養委員会委員長（2001年度～2011年度）、名古屋芸術大学・教職センター長など歴任。

（著書）

『食と人間形成』（編著、1983年、青木書店）、『大学再生の条件』（共編著、1991年、大月書店）、『何のための大学評価か』（共編著、1995年、大月書店）、『大学ビッグバンと教員任期制』（共編著、1998年、青木書店）、『人権の時代』（1999年、青山社）、『21世紀の大学像を求めて』（共編著、2000年、水曜社）、『大学生が変わる』（2006年、新日本出版社）、『学校づくりの思想と実践――子ども・青年を学びの主人公に』（2010年、青木書店）、『大学を変える――教育・研究の原点に立ちかえって』（共編著、2010年、大学教育出版社）、『人間力を育む教養教育――危機の時代を生き抜く』（2013年、新日本出版社）など。

給食《きゅうしょく》・食育《しょくいく》で子《こ》どもが変《か》わる

2016年8月5日　初　版

編著者　新　村　洋　史
発行者　田　所　稔

郵便番号　151-0051　東京都渋谷区千駄ヶ谷4-25-6
発　行　所　株式会社　新　日　本　出　版　社
電話　03（3423）8402（営業）
03（3423）9323（編集）
info@shinnihon-net.co.jp
www.shinnihon-net.co.jp
振替番号　00130-0-13681
印刷・製本　光陽メディア

落丁・乱丁がありましたらおとりかえいたします。

ISBN978-4-406-06049-3　C0037　Printed in Japan